ESTIRAMIENTOS

CORRECTOS · NOCIVOS · CONTRADICTORIOS

Enric Marés

ESTIRAMIENTOS

CORRECTOS · NOCIVOS · CONTRADICTORIOS

HISPANO
EUROPEA

Indice

Sobre el autor

Enric Marés Vergés se licenció en educación física en el Instituto Nacional de Educación Física (INEF) de Barcelona en 1979. Posteriormente bebió de las fuentes de las llamadas «gimnasias suaves» en Alemania, Francia y Estados Unidos. Las introdujo en España en 1986. Ha participado como profesor en diversos cursos de postgrado en Barcelona: sobre medicina naturista, en la Universidad de Barcelona, y sobre la columna vertebral, en el INEF. Ha participado en entrevistas y programas de radio y TV (Cataluña Radio y La 2).

Actualmente, reside en la provincia de Girona, España, donde sigue investigando y trabajando en el desarrollo de la Gimnasia Consciente, enseñando al público en general, dando cursos en la Universidad de Girona, y supervisando ocasionalmente a deportistas de élite y a preparadores físicos.

Agradecimientos

El primero es para ti, lector y lectora, que tienes el libro entre tus manos; aunque no te conozco, sé que compartimos algo; sin ti y otros como tú, este libro nunca hubiera tenido lugar. Gracias por formar parte de este colectivo alentador y acogedor que sólo yo podía imaginar, porque ello me animaba a continuar superando adversidades, fantasmas y desalientos.

Al igual que tú, he tenido la suerte de ser hijo de un «campeón», el único espermatozoide que fecundó el óvulo de mi madre, el ganador de la carrera. Gracias pequeña (1'50 m) gran mamá por estar allí, en la meta, gracias por el pecho que me diste y por tu incondicional aliento en los altibajos de mi vida. Gracias papá por todo lo que fuiste capaz de enseñarme sin anular mi curiosidad natural que como niño tenía (y sigo teniendo), por no dar nunca nada por hecho. ¡Ah!... y por el campeón. Gracias, también, hermanas y hermanos Met, Teia, Montse, Mita, Edo, Anna y Mireia por vuestra contribución a que sea como soy. Os quiero.

Gracias Roser por haberme permitido ejercer, disfrutar y aprender de padre... sigo de aprendiz, te quiero.

Gracias Dr. Balaguer por tu buen hacer como docente de Fisiología en los primeros años de mi carrera en el I.N.E.F. de Barcelona, pues dejó huella en mí y me abrió a una visión global del funcionamiento del cuerpo humano. Fuiste un ejemplo en el buen ejercicio de la profesión. Y gracias Dr. Galilea, director, en aquella época, de la misma institución, por encauzar mi energía y evitar que me estrellara antes de terminar la carrera.

Gracias Mila García por confiar en mí e invitarme, después de mi periplo por el mundo, a mostrar lo que había aprendido en el mismo I.N.E.F. De ti aprendí el rigor en el trabajo y el compromiso social.

Gracias a todos mis maestros, los de verdad: Clemente Hernández, Dra. Erenhfried, A. Aginski, C. H. Speads, F. Goralewski, Charles Brooks, Charlotte Selver, Krista Satler, porque, en vez de decirme cómo son las cosas o cómo hay que hacerlas, creasteis situaciones para que yo pudiera ir descubriéndolas por mí mismo. Rememoro una frase tuya, Charles: «Enric, este instante nunca antes había sucedido». ¿Te das cuenta de la magnitud de esto, querido lector? Este instante es nuevo... y éste... también. La vida nunca se repite, sólo el recuerdo lo intenta, pero nunca lo logra realmente.

Gracias Javier Tobajas por permitirme entrar en este magnífico laboratorio y posibilitar este estudio. Gracias Dra. Cati Piqueras, jefa del Departamento de Biomecánica aplicada en Baasys (Barcelona), por ese tono entusiasta y amable de tu voz cada vez que tenías que ajustar tu agenda para que yo pudiera usar el laboratorio donde me esperaba la «fisio» Pilar Mur, cuya experiencia y minuciosidad, a la hora de colocar los sensores de electromiografía en los músculos correspondientes, y paciencia, a la hora de repetir las pruebas una y otra vez, han resultado tan valiosas. Tu sonrisa, reflejo de tu propio interés, lo hacía todo más fácil.

Gracias Jacint Ramió, amigo, por tu cariño al leer mi escrito, por ese preciado tiempo que pasamos sopesando las palabras y ordenando las ideas, mientras disfrutábamos del dulzor de aquella sandía fresca en una mañana de agosto. Me resulta curioso comprobar cómo una simple sandía compartida con un buen amigo puede hacer que las ideas fluyan más claramente. Especialmente a ti, Cristina Bernat, un millón de gracias por tu mágica y amorosa presencia que me ha permitido dar un paso hacia el interior de mi corazón y entrar en un mundo de luz que desconocía. Sepas que con tu «ahora toca libro» me dabas energía para concluir esta creación. Considérala tanto tuya como mía. Te amo.

Gracias también a ti Isaac Lloveras por la confianza que de ti recibí al acogerme en tú núcleo familiar y por las posibilidades de aprendizaje que me brindas en nuestra relación. T'estimo.

Gracias Joan Cáliz, amigo mío, por estar siempre ahí.

Gracias Dr. G. Mattioli por tu profesional acompañamiento en el proceso de desempolvar este manuscrito y otras cosas importantes de mi vida.

Gracias a todos y a cada uno de mis alumnos; sin vosotros y vosotras ni este libro ni mi trabajo existirían. Gracias, además, a Joan Riera y Carme Font, por vuestra aportación como modelos.

Gracias Chiqui Dauner por tu amistad y por ponerme en contacto con tu editor. Gracias Jorge Prat, aprecio tu dinamismo, tu claridad, tu intuición y ese *savoir faire* con que te manejas. Gracias por todo Paco (Francesc Daranas), pues contigo es con quien más horas he pasado por este libro, tus dotes artísticas y tu profesionalidad hacen posible que los lectores disfruten de tus clarificadoras fotos dibujadas; ha sido un placer.

Finalmente, gracias Juan-Miquel Fernández-Balboa, amigo, por tu desinteresada colaboración y por aportar tu saber sobre el arte de la escritura. Sin ti este libro no hubiera sido el que es ni se leería como se lee. En él se encuentra tu esencia. Te quiero.

Introducción

Estoy en la ventana, el sol colorea mi piel mientras se esconde. Es una tarde de inusual quietud. Algunos hortelanos regresan lentamente de sus campos; a lo lejos un ruiseñor con voz metálica delimita su territorio e invita a la hembra a acercarse; entre tanto, una lagartija se desliza en una piedra aún caliente al ver acercarse un perro paseando a su dueño. ¡Qué simple y difícil resulta ver lo obvio!

Las manzanas ya caían antes de que Newton las viera caer; sin embargo, fue la observación de tan simple hecho lo que dio pie a la formulación de la Ley de la Gravedad; tan evidente e irrevocable que actúa sobre toda materia. Imprescindible para el funcionamiento y mantenimiento de nuestro cuerpo.

Nosotros necesitamos del movimiento y la actividad física para mantenernos funcionalmente saludables, sobre todo en esta sociedad cada vez más sedentaria. Estamos sentados en el trabajo, conduciendo y en diversas actividades de ocio; por eso se nos recomienda y prescribe, como si fuera una medicina, andar, nadar, ir en bicicleta, hacer gimnasia o yoga, o cualquier tipo de deporte. En definitiva, hacer lo que nuestros antepasados hacían sin necesidad de deporte alguno.

En el ámbito de la actividad física, las diferentes técnicas se suceden rápidamente unas a otras, produciendo olas de moda, y generando en un público sensible la necesidad de consumir indumentaria exclusiva para cada técnica, máquinas sofisticadas para hacer ejercicios cada vez más cómodos y aislados, alimentos más sintetizados e «imprescindibles», nuevos cursos para los nuevos profesionales de las nuevas técnicas, etc. Todo ello acompañado de la necesaria publicidad para hacernos responsables absolutos de nuestro bienestar; generándonos el consiguiente malestar y culpabilidad para presionarnos a consumir «salud», lo que ellos dicen producir y vender; ¿dicen ... «salud»?

Con este libro, lejos de querer presentar una nueva técnica, o una nueva escuela de estiramientos, me propongo explicar qué es un estiramiento, cómo se hace, y qué principios básicos necesitamos respetar para conseguir nuestro objetivo, siendo a la vez respetuosos con el cuerpo. Todo ello viene fundamentado en la anatomía funcional, la fisiología y principios biomecánicos, corroborado, además, por la electromiografía E.M.G. que permite medir y registrar la tensión de la actividad muscular.

Los estiramientos son necesarios para alargar los músculos que se han acortado debido a una falta de movimiento, a movimientos y posturas restringidos mantenidos durante demasiado tiempo y a tensiones fijadas como mecanismo de defensa y cronificadas. Los estiramientos constituyen una práctica encaminada a devolver a los músculos su longitud.

Según cómo se ejecute un estiramiento, puede ser nocivo y su práctica acarrear lesiones a corto, medio o largo plazo, mientras que, realizado correctamente y de manera respetuosa, puede ser muy saludable.

Permite ahora que me presente: empecé mi carrera de educación física en el año 1975. Por aquel entonces ya estaba dando clases como monitor polideportivo. A lo largo de mis estudios, encontré respuesta a preguntas que ni siquiera me había formulado conscientemente; también se fueron gestando preguntas a las que nunca encontré respuesta, con las que incomodé a algunos profesores. Algo parecido ocurrió cuando me sumergí en las técnicas orientales.

Años más tarde, olfateé lo que parecía ser un buen rastro. Al seguirlo sin descanso, cual sabueso, llegué a la vieja Europa. En París y Berlín conocí a la Dra. Louise Erhenfried, Alice Aginskiy y Frida Goralewski; más tarde a Estados Unidos, con Carola H. Speads, Charlote Selver y su marido Charles Brooks. Me encontré con un modo de hacer, estar y ser que ellos habían ido cultivando de la mano de su maestra Elsa Gindler. Empecé a relacionarme con mi cuerpo de una forma radicalmente distinta a todo lo que yo había conocido, con un trabajo respetuoso, consciente, tranquilo, atento, sentido y basado en el darse cuenta. Fue entonces cuando tuve la certeza de haber encontrado el camino que me llevaría a mí mismo, a ese anhelado hogar.

Durante los primeros años, como profesional me limité a seguir su modelo, hacer como ellos; luego poco a poco me atreví a hacerlo a mi manera, como yo intuía. Más adelante, debido a una actitud integrada en mi forma de entender la vida, incluso me cuestioné algunas de las cosas aprendidas y desaprendidas durante mi formación y práctica.

Han tenido que transcurrir años hasta llegar a ver lo obvio en lo referente a los estiramientos, e incluirlo en mi trabajo de gimnasia consciente. También, con la ayuda de la Ciencia (E.M.G.) he podido constatar que algunos de los ejercicios que se proponen en algunas escuelas, institutos, gimnasios, centros de yoga y danza, y en la preparación física de equipos de primera división, en técnicas de moda y en muchos libros sobre el tema, son perjudiciales. De hecho no respetan los principios anatómicos y fisiológicos fundamentales para conseguir el objetivo del estiramiento y el bienestar. Por el contrario, provocan lesiones de diversa envergadura y pronóstico, dependiendo del sujeto. Intuir esto y verlo corroborado me ha animado a escribir este libro para compartir mis conocimientos en este campo.

Este libro ha sido pensado y escrito como un manual práctico. En la primera parte, encontrarás las definiciones de términos básicos relativos a los estiramientos, qué hacer y cómo hacerlo, los principios para poder llevarlos a cabo, los métodos, y cómo distinguir los estiramientos buenos y respetuosos con tu cuerpo de los nocivos y de los contradictorios. También aprenderás pruebas que te ayudarán a saber cuándo un músculo necesita ser estirado.

La segunda parte comprende un fichero de ejercicios, con fotografías de estiramientos correctos y dibujos de los músculos implicados, además de la descripción de la postura para su ejecución, los puntos a tener en cuenta y los métodos que puedes aplicar en cada estiramiento. También encontrarás fotografías de los estiramientos que resultan nocivos y de los contradictorios, y podrás averiguar si tienen posibilidades de corrección para convertirse en respetuosos.

Todo este aprendizaje me ha dado la confianza ne-

cesaria para practicar conmigo mismo y para enseñar. Desde esta plataforma me siento con la libertad para seguir observando, escuchando y preguntando para continuar aprendiendo.

Se dice que los principiantes aprenden porque saben que no saben y esto les pone en estado de atención. Ahí esta el secreto. ¡Bienvenido al gremio de los aprendices!

Cuentan de un buscador que había recorrido un largo camino durante muchos días para llegar hasta donde, según decían, vivía un hombre sabio.

Cuando este último lo recibió, le preguntó: ¿qué estás buscando?

Aquél le dijo: la paz, la serenidad, la sabiduría.

El sabio le contestó: el secreto está en la atención.

A lo que el buscador replicó: y... ¿algo más?

El sabio repitió: sí, atención, atención.

El buscador, habiendo recorrido un largo camino durante días con mucho esfuerzo para llegar hasta allí, sintió que esa respuesta era insuficiente y quiso saber más del sabio. Volvió, pues, a insistir: ¿seguro que no habrá alguna cosa más que yo pueda conocer o hacer?

El sabio, sonriendo, le dijo: claro que sí, atención, atención y... atención.

Definiciones y conceptos

El movimiento

El movimiento, en el cuerpo humano, es el resultado de la aplicación de una fuerza de contracción de un músculo al que llamamos *agonista* y de la elongación del opuesto, al que llamamos *antagonista* (ver imagen 1).

Músculos monoarticulares y poliarticulares

Los llamamos monoarticulares cuando en su recorrido se encuentra una sola articulación: ilíaco, sóleo, pectoral... Cuando este tipo de músculos se contraen, el movimiento se da en una sola articulación.

En cambio, los llamamos poliarticulares cuando en su recorrido encuentran más de una articulación: cuádriceps, sartorio, isquiotibiales, gemelos... Cuando estos músculos se contraen pueden mover más de una articulación.

Tipos de contracción

• *Isotónica concéntrica:* El músculo, al contraerse, se acorta y genera movimiento.
• *Isotónica excéntrica:* El músculo se mantiene contraído mientras se va elongando estirado por una fuerza que lo supera.
• *Isométrica:* El músculo se contrae pero no hay movimiento. La resistencia es mayor que la fuerza generada, o la fuerza generada menor que la resistencia.

La flexibilidad

Es la amplitud de movimiento de una o varias articulaciones; ésta puede ser activa o pasiva.

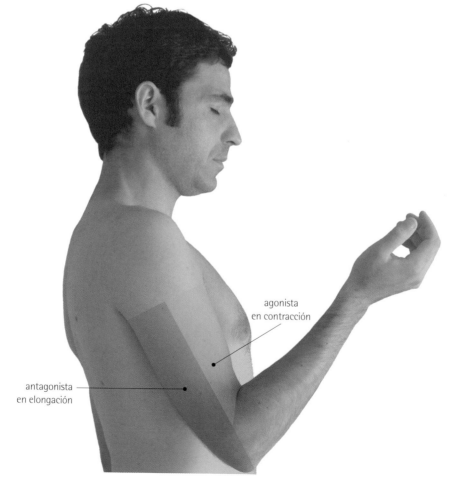

agonista
en contracción

antagonista
en elongación

Imagen 1. Músculos agonistas y antagonistas del brazo.

Flexibilidad activa

Es la amplitud de movimiento que tiene una articulación a partir de la fuerza de contracción que ejerce el músculo agonista y de la elongación del antagonista.

Ejemplo: en la flexión de la pierna los agonistas, flexores de la cadera (psoas, ilíaco, sartorio, recto anterior, pectíneo, aductor largo, aductor corto, glúteo menor, glúteo mediano anterior), se contraen elevando la pierna hacia el tronco, y los antagonistas, extensores de la cadera (glúteo mayor, aductor mayor posterior, glúteo mediano posterior, piramidal, isquiotibiales), se alargan permitiendo el movimiento (ver imagen 2).

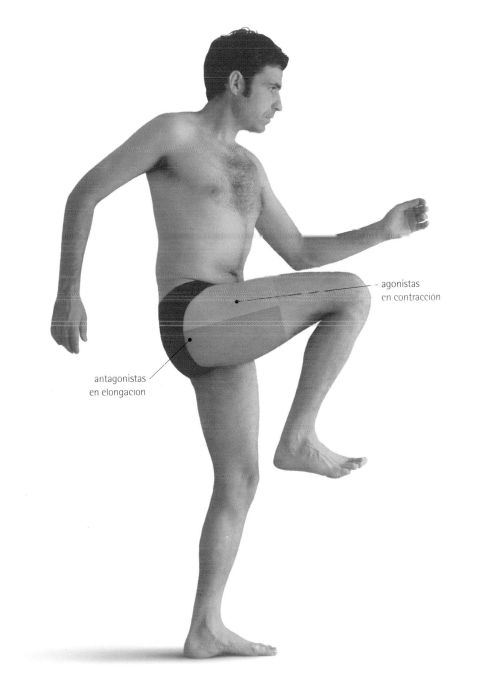

agonistas en contracción

antagonistas en elongacion

Imagen 2. Flexibilidad activa.

Flexibilidad pasiva

Es la amplitud de movimiento que tiene una articulación en la que ejercemos una fuerza exterior que sustituye la contracción de los músculos agonistas. En el caso de la flexión de la pierna, podemos ejercerla con los brazos (ver imagen 3), acercando la pierna al tronco, con la ayuda del suelo y la postura (ver imagen 4) o bien con la ayuda de un compañero (ver imagen 5). Los músculos antagonistas, en este caso los extensores de la cadera, al igual que en la flexibilidad activa, se elongan permitiendo el movimiento.

Es bueno que la flexibilidad pasiva esté correlacionada con la activa. Según Bruno Blum en el libro *Los estiramientos* (Ed. Hispano Europea, pág. 24): «Una movilidad excesiva de las articulaciones (laxitud) resta seguridad en los movimientos activos por lo que representa un riesgo adicional de lesión.»

antagonistas
en elongación

Imagen 3. Con la fuerza de los brazos.

antagonistas en elongación

Imagen 4. Con ayuda del suelo y el peso del cuerpo.

antagonistas en elongación

Imagen 5. Con la ayuda de una compañera.

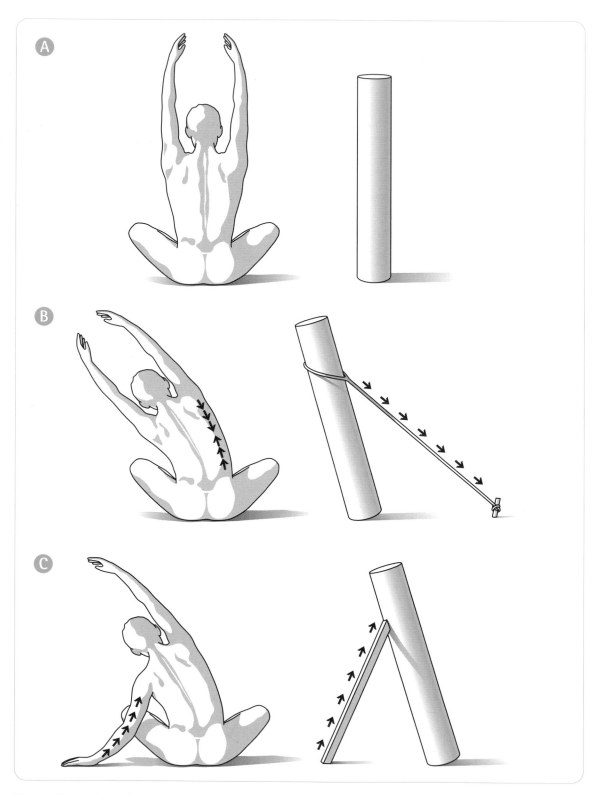

Figura 1. Ejemplos del principio de la activación de fuerzas compensatorias en el equilibrio estático.

Factores que determinan la flexibilidad: la falta de esta (rigidez), y el exceso (laxitud)

Los huesos, el tejido conectivo, las aponeurosis, las fascias, los ligamentos, los tendones, y los músculos.

En la flexibilidad activa el movimiento puede verse limitado por la falta de fuerza de los músculos agonistas, incapaces de vencer el peso que han de levantar y/o por la falta de elongación de los músculos antagonistas.

Principio de la activación de fuerzas compensatorias en el equilibrio estático

Todo cuerpo cuyo centro de gravedad permanezca en su eje vertical (alineado con la fuerza de la gravedad) está en equilibrio estático (figura 1-A). En el caso de que el eje vertical central del objeto se desalinee de la fuerza de gravedad, éste necesita una tensión compensatoria en el lado opuesto a la inclinación (figura 1-B) o un apoyo en el lado de la inclinación que compense su desplazamiento para poder mantenerse en equilibrio estático y evitar la caída (figura 1-C). En el caso del cuerpo humano, la tensión compensatoria la generan los músculos del lado opuesto a la inclinación (figura 1-B), mientras que el apoyo lo produce el brazo de este mismo lado de esa inclinación (figura 1-C).

Los estiramientos

Realizar un estiramiento es someter un músculo o varios a una fuerza que lo elonga para conseguir superar la amplitud de movimiento.

Reflejo de estiramiento

El reflejo de estiramiento es un mecanismo de defensa del músculo que se activa automáticamente ante un peligro de posible desgarro o rotura.

Los estiramientos pueden clasificarse en:
- correctos,
- nocivos y
- contradictorios.

Estiramientos correctos

Para que exista un estiramiento correcto, deben cumplirse dos condiciones. **Primera**, que el músculo que pretendemos estirar esté lo máximo posible en reposo (imagen 6); para ello, hay que evitar:

a) que el músculo actúe como sostén del cuerpo o de alguna de sus partes (ya que ello produciría una contracción de aquél) y,

b) que la postura escogida ponga la articulación que pretendemos movilizar en situación de peligro o luxación (ya que ello también produciría la contracción muscular).

distensión

Imagen 6. Ejemplo de estiramiento correcto (281 uVs) de los isquiotibiales en el suelo con la pierna sostenida por una banda. En este caso los isquiotibiales no actúan de soporte, encontrándose disponibles para efectuar el estiramiento de la parte posterior de la pierna. La columna vertebral está en descarga.

Segunda, la columna vertebral debe estar en descarga o, si está en carga (contrarrestando la Fuerza de la Gravedad), debe mantener sus curvaturas anatómicas (ver figura 2) para evitar el estiramiento de los ligamentos y el pinzamiento de los discos intervertebrales.

Estiramientos nocivos

Son aquellos en los que, en postura de carga, la columna vertebral no mantiene sus curvaturas anatómicas. Hablar de los estiramientos nocivos nos obliga a explicar el funcionamiento de la columna vertebral y sus componentes.

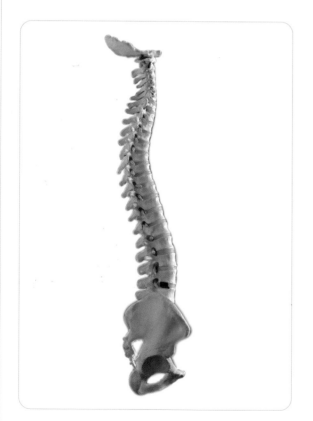

Figura 2. Curvaturas anatómicas de la columna vertebral. Ésta vista de perfil tiene unas curvaturas cóncavas en las zonas cervicales y lumbares y una convexa en la zona dorsal.

La columna vertebral está formada por 33 vértebras (7 cervicales, 12 torácicas, 5 lumbares, 5 fusionadas en el sacro, y 4 fusionadas en el coxis). Las vértebras cervicales, torácicas y lumbares constan de cuerpo y arco. Éstas, a su vez, están unidas y articuladas entre sí en la zona

del cuerpo donde se encuentran los discos intervertebrales y por dos articulaciones en el arco. Además de las vértebras y los discos, encontramos los ligamentos y los músculos, que junto a los primeros forman lo que se llama el segmento móvil de la columna vertebral.

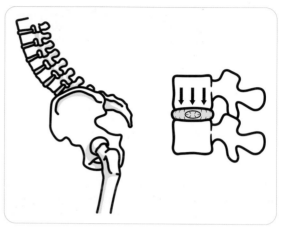

Figura 3. Postura de la columna con carga repartida de manera uniforme.

Por su parte, el disco intervertebral está formado por capas concéntricas de fibrocartílago en cuyo centro se encuentra el núcleo pulposo, el cual no sólo absorbe y amortigua el peso que le llega, sino que, siempre que la columna conserve sus curvaturas anatómicas, reparte la presión uniformemente sobre el fibrocartílago (ver figura 3). De este modo, se evita el desgaste de los discos intervertebrales. En cambio, cuando se flexiona la columna vertebral hacia delante en carga (estando de pie o sentados) y cuando la pelvis se queda en retroversión (basculada hacia atrás), los ligamentos se distienden y el disco se deforma comprimiéndose por delante y abriéndose por detrás. Además, ayudado por la presión que ejercen los músculos que también se contraen para sostener la columna, el núcleo pulposo se desplaza hacia atrás (ver figura 4). A corto, medio y largo plazo, este modo de flexionar la columna va estropeando el disco, desecándolo y produciendo estrías en el fibrocartílago por las cuales puede migrar el núcleo pulposo fuera del disco produciendo lumbago y hernias discales, lesiones comunes en la población sedentaria y en quienes practican actividades físicas y deportes. Estas lesiones pueden prevenirse bien si la columna verte-

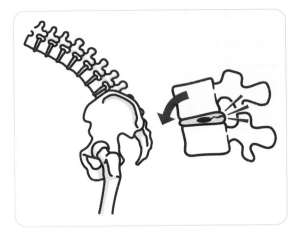

Figura 4. Postura de la columna con carga mal repartida .

bral mantiene sus curvaturas anatómicas o bien si se genera una descarga de la presión mediante el apoyo de las manos en algún soporte (ver imagen 7), acciones que los niños realizan de manera instintiva hasta los 3 ó 4 años (ver imagen 8). En términos generales, las desviaciones momentáneas de la columna no son tan perjudiciales como aquellas que se prolongan en el tiempo, por ejemplo, asanas de yoga, estiramientos

Imagen 8. Niño en movimiento. Aquí vemos: apoyos de brazos, descarga de la columna y columna alineada.

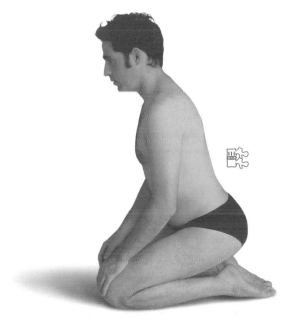

Imagen 7. Postura respetando las curvaturas anatómicas de la columna vertebral y con apoyos adicionales de brazos.

erróneos, malas posturas al estar sentados durante mucho tiempo (ver imágenes 9 y 10, página 18).

Estiramientos contradictorios

Son los resultantes de aquellas posturas en las que el músculo que se pretende estirar no está en reposo, sino contraído, por estar aguantando el peso del cuerpo o parte de él (ver imagen 11, página 19). En estos estiramientos el E.M.G. muestra cargas de tensión muy elevadas, más propias de ejercicios de fortalecimiento. Estos estiramientos, que, por cierto, se encuentran en muchos libros, no son respetuosos con el cuerpo. Al forzar el estiramiento de un músculo en una postura

tensión

Imagen 9. Ejemplo de estiramiento nocivo y contradictorio que se usa habitualmente como estiramiento de los músculos isquiotibiales en posición de sentado con las piernas estiradas con flexión hacia delante.

tensión

Imagen 10. Ejemplo de estiramiento nocivo y contradictorio que se usa habitualmente como estiramiento de los músculos isquiotibiales de pie con flexión hacia delante.

que hace que éste se contraiga, se generan micro-roturas fibrilares a nivel del sarcómero (unidad de contracción configurada por la actina y la miosina).

El proceso de los estiramientos correctos

Una vez escogida la postura adecuada, la forma en que hagamos el estiramiento será la clave para conseguir el objetivo propuesto. La fisiología y la biomecánica nos indican cómo hacerlo:

1°. Para empezar, adoptamos una postura que cumpla el principio fundamental citado anteriormente (ver página 15).

2°. Estiramos lentamente el músculo hasta notar una ligera tensión sin llegar nunca a la sensación de dolor. Si estiramos demasiado o rápidamente se activará el reflejo de estiramiento y el músculo se contraerá. Si persistimos, el músculo se resistirá contrayéndose y/o desgarrándose.

3°. Al estirar el músculo lentamente, sin forzarlo, notaremos que éste se relaja y se elonga. Así, podemos repetir esta acción progresivamente mientras el músculo vaya cediendo.

4°. Para que se produzcan cambios en el tejido conjuntivo y en las fibras musculares, debemos estirar entre 30 segundos y 2 minutos cada estiramiento.

5°. Terminamos el estiramiento lentamente, evitando tensiones y gestos bruscos e innecesarios.

6°. Si queremos progresar en los estiramientos, debemos realizarlos 3 ó 4 veces por semana. Para mantener el nivel, con un día o dos a la semana basta.

A la luz de estos conocimientos podemos decir que los pretendidos estiramientos con rebote no sirven en absoluto para ganar flexibilidad; al contrario, el músculo se retrae por el reflejo de estiramiento y, como consecuencia, la articulación termina perdiendo amplitud de movimiento.

tensión

Imagen 11. Ejemplo de estiramiento contradictorio (2346 uVs) del biceps femoral y del semitendinoso de ambas piernas durante el estiramiento de los isquiotibiales. Al salir del eje vertical (el tronco, la cabeza y los brazos), si no hay apoyo compensatorio los músculos que pretendemos estirar se contraen, y por ello resulta contradictorio.

Métodos para estirar correctamente

Los estiramientos correctos pueden realizarse, esencialmente, a través de tres métodos:

▮ Realización de un estiramiento estático o pasivo de los músculos agonistas

El estiramiento estático se consigue colocando el cuerpo en la postura en que el músculo esté lo mas cerca posible del reposo y efectuando la fuerza de estiramiento en la dirección correspondiente, siguiendo los seis pasos explicados en el apartado de «cómo estirar» (ver página anterior). El estiramiento estático puede efectuarse aplicando la fuerza justa de distintas maneras (imagen 12): (A) con ayuda del peso del propio cuerpo, (B) ejerciendo una fuerza con otra parte del cuerpo, (C) con la ayuda de un peso externo, y (D) o con la ayuda de una fuerza externa ejercida por un compañero. ¡Ojo! Aquí no funciona el «cuanto más empuje mejor». ¡Debemos asegurarnos de que esta fuerza externa sea la justa para no activar el reflejo de estiramiento.

Imagen 12. Formas de efectuar el estiramiento estático.

2 Realización de un estiramiento estático o pasivo de los músculos agonistas y añadiendo una contracción isométrica de los mismos

Una vez conseguida cierta elongación con el estiramiento estático, y sin permitir que el cuerpo se mueva de esa posición, ejercemos una contracción isométrica (de aproximadamente de un 25% de la fuerza máxima) en el músculo estirado y la mantenemos unos 10 segundos. Al relajar la contracción, notaremos que el músculo cede y se estira un poco más de lo que en principio lo había hecho. Mantenemos esa nueva posición unos 15 segundos

para, a continuación, realizar otra contracción isométrica. Podemos repetir este proceso mientras notemos que el músculo sigue elongándose. A diferencia de lo que ocurre cuando únicamente estiramos estáticamente, con la adición de la contracción isométrica conseguimos que el músculo estirado no sólo aumente su elongación, sino que también mantenga (e incluso aumente) su capacidad de contracción en todo su recorrido (imagen 13).

Imagen 13. *Estiramiento estático e isométrico de los músculos pectorales en el vértice entre paredes.*
Estando situados en el vértice de dos paredes, a una distancia de un paso del mismo aproximadamente, colocamos los brazos en ángulo recto y apoyamos los antebrazos en sus respectivas paredes. Manteniendo los pies fijos en el suelo, echamos el cuerpo recto hacia delante (como si de una tabla se tratase) hasta sentir el estiramiento de los músculos pectorales. Mantenemos este estiramiento durante 10 segundos y, cuando notemos que los pectorales ceden, empujamos con los antebrazos contra la pared realizando una contracción isométrica de los citados músculos. Sin perder la postura recta inicial, mantenemos esa contracción unos 10 segundos. A continuación, notaremos que, cuando dejamos de contraer los pectorales, éstos ceden y, como resultado, podemos bascular el cuerpo hacia delante algo más de lo que inicialmente éramos capaces. Podemos repetir este proceso mientras que notemos que los músculos se van elongando.

21

3 Realización de un estiramiento estático o pasivo de los músculos agonistas, añadiendo una contracción isométrica de los mismos y, además, contrayendo sus antagonistas.

El movimiento necesita que los músculos ejecutores (agonistas) hagan fuerza y que los (opuestos) antagonistas tengan la longitud adecuada. Cuando esto se da, obtenemos un funcionamiento efectivo del cuerpo a nivel osteo-músculo-articular. Esta tercera variante de los estiramientos correctos tiene esto en consideración. Por consiguiente, además de realizar un estiramiento estático y una contracción isométrica de los músculos agonistas, añadimos una contracción de los músculos antagonistas. El proceso es el siguiente: empezamos estirando los músculos agonistas y mantenemos este estiramiento durante 10 segundos. Al ver que notemos que éstos ceden, los contraemos isométricamente durante unos 10 segundos. A continuación, relajamos los músculos agonistas a la vez que contraemos los músculos antagonistas, también, durante unos 10 segundos. Tras ese periodo de contracción, relajamos estos músculos antagonistas. De este modo, notaremos que los músculos agonistas ceden aún más. Este proceso podemos repetirlo varias veces. Con esta variación, aumentamos la flexibilidad activa, ya que además de estirar y fortalecer los músculos agonistas, también aumentamos la capacidad de contracción de los músculos antagonistas, aumentando la movilidad articular (imagen 14).

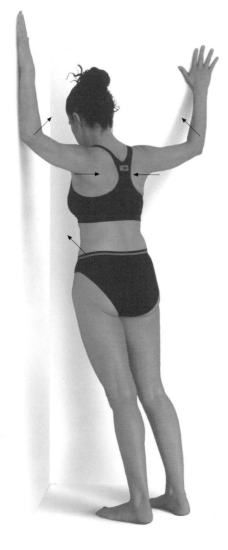

Imagen 14. *Estiramiento estático e isométrico de los músculos pectorales (agonistas) más contracción de los romboides y el trapecio medio (antagonistas) en el vértice entre paredes.*
Situados en el vértice entre dos paredes, a una distancia aproximada de un paso del mismo, colocamos los brazos en ángulo recto y apoyamos los antebrazos en sus respectivas paredes. Manteniendo los pies fijos en el suelo, echamos el cuerpo recto hacia delante (como si de una tabla se tratase) hasta sentir el estiramiento de los músculos pectorales. Mantenemos este estiramiento durante 10 segundos y, cuando notemos que los pectorales ceden, empujamos con los antebrazos contra la pared realizando una contracción isométrica de los citados músculos. Sin perder la postura recta inicial, mantenemos esa contracción unos 10 segundos. A continuación, notaremos que, cuando dejamos de contraer los pectorales, éstos ceden. Llegados a este punto, acercamos los omoplatos a la columna vertebral realizando una contracción de los músculos antagonistas (en este caso, los romboides y el trapecio medio) durante unos 10 segundos. Al relajarnos, notaremos que podemos bascular el cuerpo hacia delante incluso más de lo que seríamos capaces si sólo realizásemos un estiramiento estático o pasivo de los músculos agonistas más una contracción isométrica de los mismos. Podemos repetir este proceso en tanto en cuanto notemos que los músculos siguen elongándose.

Pruebas

A continuación se muestran una serie de pruebas para determinar el estado de elongación o acortamiento de distintos músculos. También se indican qué estiramientos deben realizarse en caso de acortamiento.

Prueba para determinar la longitud de los aductores y rotadores internos del hombro

Partiendo de la posición de tumbados boca arriba (tendido supino) con las piernas flexionadas y la zona lumbar en contacto con el suelo, extendemos los brazos paralelamente a éste, a ambos lados de la cabeza (A). Si los codos no llegan al suelo, los aductores y rotadores internos del hombro están acortados (B).

PARA ESTIRAR...

... los aductores y rotadores internos del hombro, ver los siguientes ejercicios en la guía de estiramientos (a partir de la página 46):
Espalda, ejercicios: 1-2-3-4-7
Pectorales, ejercicios: 1-2-3-4-5

Prueba para determinar la longitud de los rotadores internos y externos del hombro y de los extensores del codo

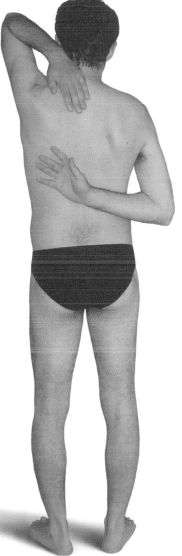

De pie o sentados, intentamos entrelazar los dedos de las manos, colocando los brazos perpendicularmente por detrás de la espalda (A). Si no somos capaces, los rotadores internos y externos del hombro y/o los extensores del codo estarán acortados (B).

PARA ESTIRAR...

... los rotadores internos y externos del hombro y los extensores del codo, ver los siguientes ejercicios en la guía de estiramientos (a partir de la página 68):
Brazos, ejercicio: 4
Hombros, ejercicios: 1-2

Pruebas

Prueba para determinar la longitud de los flexores del hombro y de los flexores del codo

Tumbados en el suelo de costado, con un brazo extendido hacia atrás, ponemos el tórax perpendicularmente al suelo (A). Si no podemos adoptar esta postura, los flexores del hombro y los flexores del codo están acortados (B).

> ### PARA ESTIRAR...
>
> ... los flexores del hombro y los flexores del codo, ver los siguientes ejercicios en la guía de estiramientos (a partir de la página 60):
> Hombros, ejercicios: 1-2
> Brazos, ejercicio: 1
> Pectorales, ejercicios: 1-2-3-4-5

Prueba para determinar la longitud de los flexores de la muñeca

De rodillas, apoyando las palmas de las manos en el suelo y los dedos extendidos hacia las rodillas, intentamos
formar un ángulo de 90° con la mano y el antebrazo (A).
Si no logramos formar este ángulo, los flexores de la
muñeca están acortados (B).

PARA ESTIRAR...

... los flexores de la muñeca, ver los siguientes ejercicios en la guía de estiramientos (a partir de la página 68):
Brazos, ejercicio: 3

Pruebas para determinar la longitud de los extensores de la muñeca y los dedos

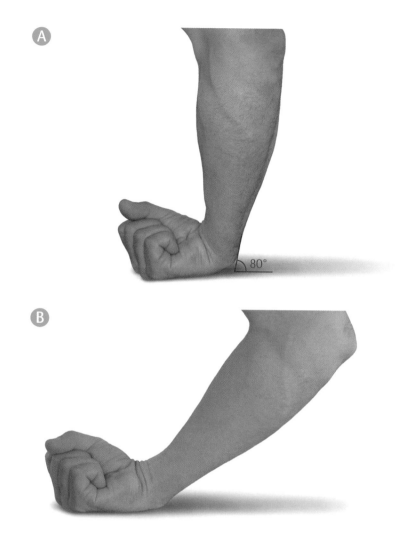

Apoyar en el suelo el reverso de la mano con el puño cerrado. Si, manteniendo el puño cerrado (A), no podemos formar un ángulo de 80° entre el antebrazo y el puño (B), los músculos extensores de la muñeca y los dedos están acortados.

PARA ESTIRAR...

... los extensores de la muñeca y los de los dedos, ver los siguientes ejercicios en la guía de estiramientos (a partir de la página 68):
Brazos, ejercicio: 2

Pruebas para determinar la longitud de los flexores de los dedos de las manos

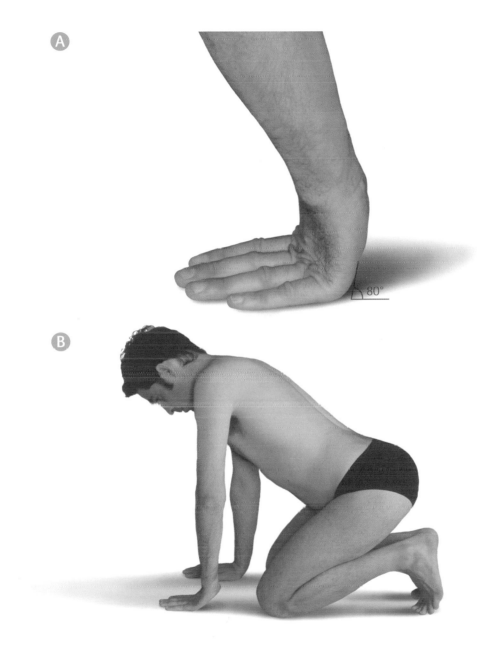

En cuadrupedia, con las manos apoyadas en el suelo y los dedos extendidos hacia delante, intentamos levantar la palma de la mano del suelo (dejando los dedos donde estaban) hasta formar un ángulo de 80° entre los dedos y la palma de la mano (A). Si no podemos formar este ángulo, los flexores de los dedos de las manos están acortados (B).

PARA ESTIRAR...

... los flexores de los dedos de las manos, ver los siguientes ejercicios en la guía de estiramientos (a partir de la página 68):
Brazos, ejercicio: 3

Pruebas para determinar la longitud de los extensores de la espalda, cabeza y cuello

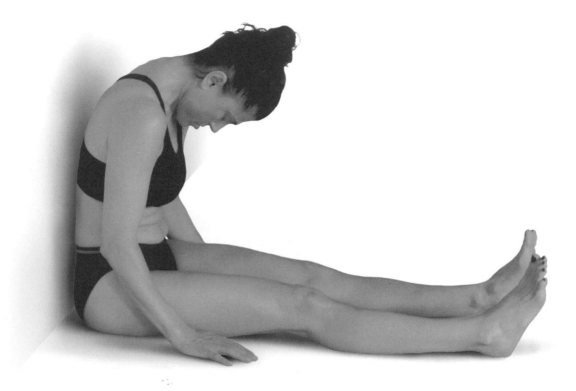

En posición de sentados, apoyamos la espalda (incluida la zona lumbar) en la pared. A continuación, con la cabeza flexionada y manteniendo la boca cerrada, intentamos tocar el esternón con el mentón, a la vez que separamos de la pared la zona dorsal. Si no podemos, los extensores de la espalda, de la cabeza y del cuello están acortados.

PARA ESTIRAR...

... los extensores de la espalda, de la cabeza y del cuello, ver los siguientes ejercicios en la guía de estiramientos (a partir de la página 46):
Espalda, ejercicios: 5 (y correcto pág. 55)-6 (y correcto pág. 57)
Cuello, ejercicios: 1-2-4

Pruebas para determinar la longitud de los rotadores internos y los aductores de la cadera

Estando sentados en el suelo con las piernas cruzadas, dejamos que las rodillas caigan por su propio peso hacia el suelo (A). Si no logramos colocar las rodillas en el suelo, los rotadores internos y los aductores de la cadera están acortados (B).

Aquí puede haber una limitación ósea que impide esta apertura de las piernas.

PARA ESTIRAR...

... los los rotadores internos y los aductores de la cadera, ver los siguientes ejercicios en la guía de estiramientos (a partir de la página 87):
Aductores, ejercicios: 2 (y correctos pág. 89)-3-4-5
Abductores, ejercicio: 1

Prueba para determinar la longitud de los isquiotibiales

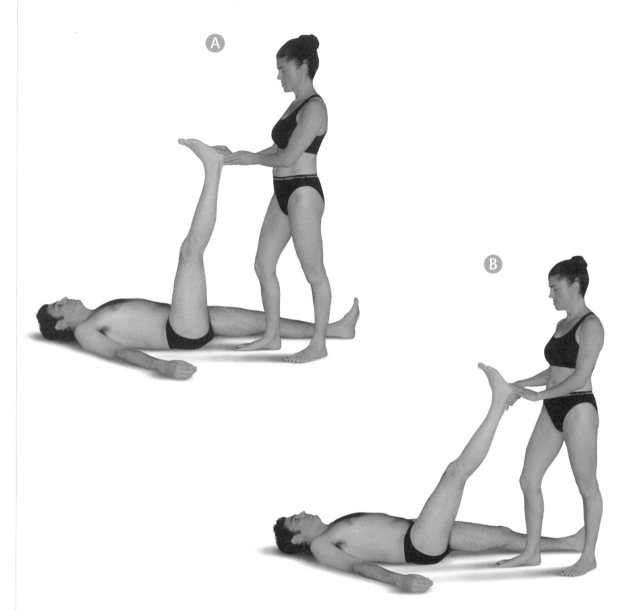

Partiendo de la posición de tumbados de espaldas en el suelo (tendido supino), y manteniendo la zona lumbar, la pelvis y el sacro en contacto con el mismo, dejamos que un compañero eleve una de nuestras piernas totalmente extendida hasta formar un ángulo de 80° con el suelo (A). Aquí, hemos de procurar que la otra pierna permanezca extendida y también en contacto con el suelo. Si la pierna levantada no puede llegar a ese ángulo, los isquiotibiales están acortados (B).

> **PARA ESTIRAR...**
>
> ... los isquiotibiales, ver los siguientes ejercicios en la guía de estiramientos (a partir de la página 96): Isquiotibiales, ejercicios: 1-2-3-4-5

Prueba para determinar la longitud de los aductores de la cadera e isquiotibiales

Tumbados en el suelo boca arriba (tendido supino) con las piernas extendidas, abiertas y apoyadas en la pared, intentamos abrirlas hata 90° (A). De no ser posible, los aductores de la cadera estarían acortados (B). Además, en caso de que los músculos acortados fueran los isquiotibiales, no podríamos mantener las piernas extendidas.

PARA ESTIRAR...

... los aductores de la cadera e isquiotibiales, ver los siguientes ejercicios en la guía de estiramientos (a partir de la página 87):
Aductores, ejercicios: 2-3-4-5
Isquiotibiales, ejercicios: 1-2-3-4-5

Prueba para determinar la longitud del cuádriceps

Tendidos boca abajo (tendido prono), manteniendo el pubis en el suelo y los muslos paralelos, cogemos un pie con la mano del lado correspondiente e intentamos tocar el glúteo del mismo lado con el talón (A). Si no podemos realizar dicha acción, el cuádriceps estará acortado (B).

PARA ESTIRAR...

... el cuádriceps, ver los siguientes ejercicios en la guía de estiramientos (a partir de la página 106): Cuádriceps, ejercicios: 1-2-3-4-5-6

Prueba para determinar la longitud de los flexores dorsales del tobillo y dedos de los pies

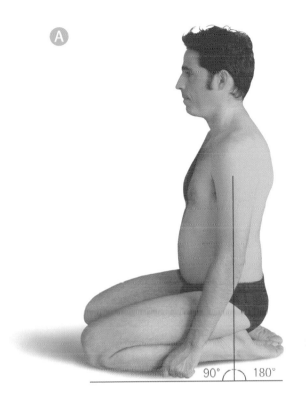

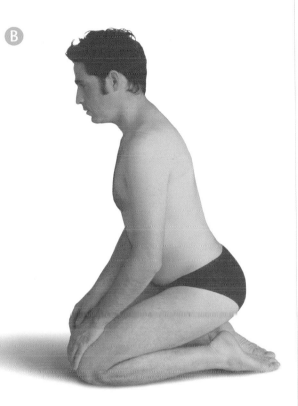

Sentados sobre los talones, mantenemos una postura vertical, el tronco formando un ángulo de 90° con el suelo. Así, procuramos formar un ángulo de 180° en la articulación del tobillo (A). Si los flexores dorsales del tobillo y dedos de los pies están acortados (B), no nos permitirán alcanzar dicho ángulo.

PARA ESTIRAR...

... los flexores dorsales del tobillo y los de los dedos de los pies, ver los siguientes ejercicios en la guía de estiramientos (a partir de la página 117):
Cuádriceps, ejercicios: 1-6
Pies/Gemelos/Sóleo, ejercicio: 6

Prueba para determinar la longitud de los gemelos

Sentados en el suelo con las piernas estiradas y las manos (también en el suelo) apoyadas detrás de las caderas, efectuamos una flexión dorsal del tobillo hasta llegar a los 90° (A). Si los gemelos están acortados, no podremos llegar a este ángulo de flexión (B).

PARA ESTIRAR...

... los gemelos, ver los siguientes ejercicios en la guía de estiramientos (a partir de la página 106): Pies/Gemelos/Sóleo, ejercicios: 1-2-3-4-7

Prueba para determinar la longitud del sóleo

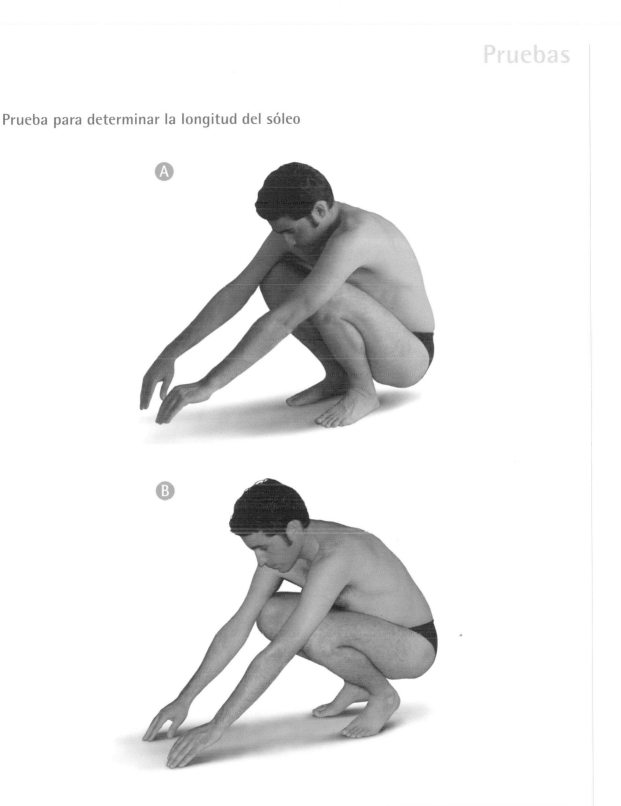

Nos situamos en cuclillas, con la cabeza hacia delante, los brazos estirados por encima de las rodillas, y los pies paralelos con las plantas y talones en contacto con el suelo (A). Si, en dicha postura, no podemos mantener los pies paralelos y los talones y las plantas en el suelo sin caernos hacia atrás, el sóleo está acortado (B).

PARA ESTIRAR...

... el sóleo, ver los siguientes ejercicios en la guía de estiramientos (a partir de la página 117):
Pies/Gemelos/Sóleo, ejercicios: 2-4

Prueba para determinar la longitud de los flexores cortos y largos de los dedos del pie

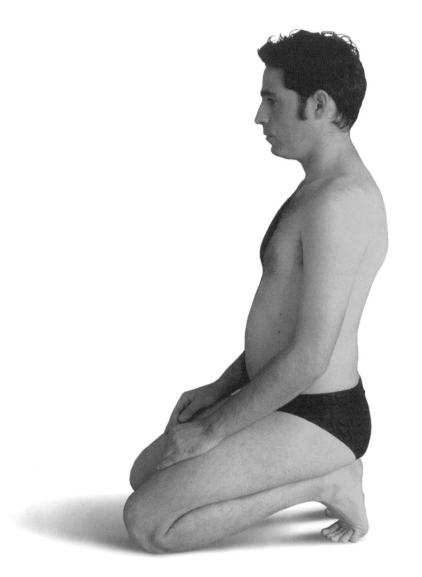

Nos colocamos sentados sobre los talones, con las plantas del pie perpendiculares al suelo y con los dedos de los pies extendidos hacia delante. En esta postura, si no no podemos extender los dedos de los pies sin dolor, estos músculos están acortados.

PARA ESTIRAR...

... los flexores cortos y largos de los dedos del pie, ver los siguientes ejercicios en la guía de estiramientos (a partir de la página 117):
Pies/Gemelos/Sóleo, ejercicio: 7

Prueba para determinar la longitud del psoas-ilíaco

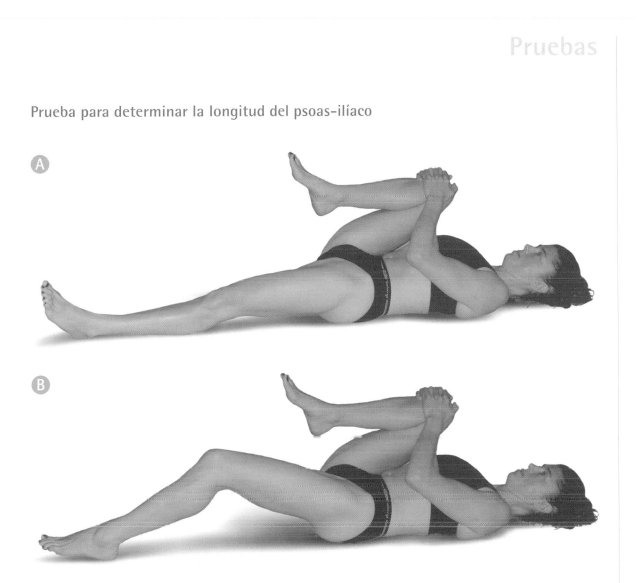

Partiendo de la posición de tumbados boca arriba (tendido supino), flexionamos una pierna y cogemos su rodilla con ambas manos para acercarla lo máximo posible al pecho pegando la zona lumbar al suelo (A). Si, al realizar esta acción, no podemos mantener la otra pierna extendida en contacto con el suelo, el psoas-ilíaco está acortado (B).

PARA ESTIRAR...

... el psoas ilíaco, ver los siguientes ejercicios en la guía de estiramientos (a partir de la página 127): Psoas/ilíaco, ejercicios: 1-2

Prueba para determinar la longitud de los oblicuos

Partiendo de la posición de tumbados de costado, con los brazos extendidos al frente y las piernas juntas y flexionadas en ángulo recto, rotamos el tronco hacia el lado opuesto, extendiendo el brazo superior, hasta quedar con los brazos en cruz y los hombros en contacto con el suelo (las rodillas deben permanecer en la posición original). Si, al efectuar dicha rotación o torsión, las rodillas se despegan del suelo o se separan, los oblicuos están acortados.

PARA ESTIRAR...

... los oblicuos, ver los siguientes ejercicios en la guía de estiramientos (a partir de la página 130): Abdominales, ejercicios: 1-2-3

Beneficios y advertencias

Beneficios de
los estiramientos

La práctica asidua de los estiramientos correctos
conlleva muchos beneficios en términos de rendimiento
diario y deportivo y de salud, a la vez que retarda el
proceso de envejecimiento, más concretamente:
• **aumenta:** la elasticidad del músculo y de los tejidos
conjuntivos, la amplitud articular, la capacidad de equilibrio
y reequilibrio corporal, la consciencia corporal, la capacidad
para adquirir habilidades y destrezas, y la tranquilidad.
• **mejora:** la postura, la circulación, el metabolismo, el
descanso, la recuperación tras el esfuerzo, y la facilidad y
economía de los movimientos.

En contrapartida, **reduce:** las contracturas musculares,
el desgaste de los cartílagos articulares, el acortamiento
de las fibras musculares, el riesgo de lesiones
y enfermedades degenerativas (por ejemplo,
artrosis e inflamaciones),
y el estrés.

Advertencias sobre
los estiramientos

Un exceso de flexibilidad puede ser
contraproducente porque aumenta el riesgo
de lesiones por inestabilidad articular.
Por consiguiente, una persona con articulaciones
laxas (con exceso de flexibilidad) no debería hacer
estiramientos en esas articulaciones, sino que
debería fortalecer y acortar la musculatura que
(y para qué) limite el exceso de movilidad.
Además, en ciertas especialidades deportivas, una
gran flexibilidad puede no sólo reducir el
rendimiento, sino que también puede
aumentar el riesgo de lesión.

La electromiografía (E.M.G.)

Para que comprendas mejor los índices de mediciones que aparecen en las explicaciones del fichero, debo explicarte qué es la electromiografía.

En el campo de la actividad física, algunas cualidades han sido investigadas científicamente de cara al rendimiento deportivo. Por el contrario, en el área de los estiramientos, la mayor parte del «conocimiento» y desconocimiento expuestos por los que se proclaman autoridades en el tema se ha ido pasando y copiando de una generación a la siguiente, sin cuestionamiento alguno ni información científica de ninguna clase. Esto ha creado una mitología subjetiva al respecto.

Para evitar caer en subjetividades que puedan llevar a error es necesario disponer de métodos científicos que proporcionen datos objetivos. Uno de estos métodos es la electromiografía (E.M.G.). La E.M.G. mide los niveles de estimulación eléctrica producidos por la contracción de un músculo (ver figura 5). La medición de estos niveles se realiza a través de unos electrodos colocados en la superficie de la piel sobre el músculo cuya contracción se desea medir (ver imágenes 15 A y B). Teniendo en mente el objetivo de este libro (i.e., proporcionar información objetiva sobre la realización correcta de los estiramientos), realizamos un estudio electromiográfico* para comprobar qué posturas producen la mínima contracción muscular, es decir, cuáles dejan al músculo en situación

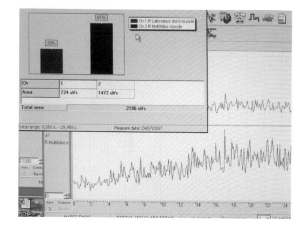

Figura 5. Ejemplo de registro electromiográfico.

de máximo reposo al realizar un determinado estiramiento.

En la presente guía, hemos añadido los valores electromiográficos obtenidos (uVs) en cada uno de los ejercicios que fueron estudiados. De este modo, el lector o lectora podrá entender las diferentes cargas de tensión de la contracción muscular en los diversos estiramientos y, además, comprender mejor la lógica que ha regido la clasificación que hemos establecido (i.e., ejercicios correctos, contradictorios y nocivos).

---

*En este estudio utilizamos el sistema ME6000 de Mega Electronics con una banda de frecuencia DC-500Hz y un filtrado Butterworth a 500Hz (–3db). Los cables preamplificadores tenían una banda de frecuencia de 8-1500Hz y se aplicó un filtrado Butterworth a 8Hz (–3db) y a 150Hz (–3db). La actividad electromiográfica fue medida de 1 a 30 segundos, para cada músculo y para cada postura, varias veces.

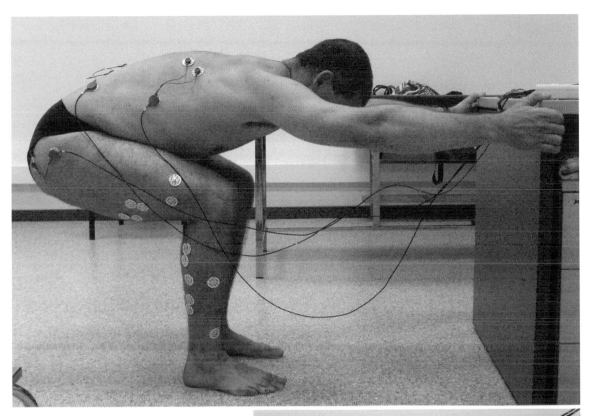

Imagen 15 A y B. Test de E.M.G. en flexión de tronco hacia delante (A) y en cuclillas (B).

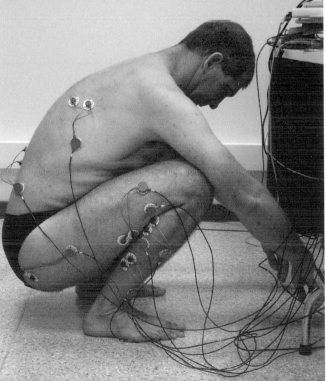

Guía de los estiramientos correctos, nocivos y contradictorios

En esta sección encontrarás un fichero de ejercicios con indicaciones e ilustraciones para realizar estiramientos correctamente. Además, también encontrarás una serie de estiramientos nocivos y contradictorios que por desconocimiento se utilizan habitualmente y que deberías evitar. Todos estos ejercicios contienen los índices en uVs o microvoltios resultantes de sus respectivas mediciones electromiográficas.

Inclinación lateral del tronco

E.M.G.: 115 uVs

dirección
del estiramiento

angular del omoplato

redondo mayor

hombro hacia abajo

romboides

erectores de la columna

dorsal ancho

cuadrado lumbar

glúteo en el suelo

PRINCIPALES MÚSCULOS ESTIRADOS

- Angular del omóplato
- Cuadrado lumbar
- Dorsal ancho
- Pectoral mayor
- Redondo mayor
- Romboides
- Trapecio (porción media)*
- Erectores de la columna

*Este músculo no está dibujado.

DESCRIPCIÓN DEL MOVIMIENTO

❶ Siéntate con las piernas cruzadas (tipo sastre).
❷ Eleva y estira el brazo hacia arriba y en diagonal.
❸ Inclina el tronco hacia un lado.
❹ Apoya la otra mano en el suelo creando el apoyo compensatorio.

MÉTODO DE ESTIRAMIENTO

1 Estiramiento estático.

OBSERVACIONES

Desplaza el hombro izquierdo hacia abajo, manteniéndolo separado de la cabeza.
Mantén el glúteo derecho en el suelo.

Otros ejercicios utilizados para estirar los mismos músculos

⚠ NOCIVO

⇥⇤ CONTRADICTORIO

E.M.G.: 1070 uVs

tensión

Al salir del eje vertical (el tronco, la cabeza y los brazos), si no hay apoyo compensatorio los músculos que pretendemos estirar se contraen y por ello resulta **contradictorio**. Al no mantener la columna vertebral sus curvaturas anatómicas estando en situación de carga, resulta **nocivo**.

✔ CORRECTO

E.M.G.: 115 uVs

distensión

Al apoyar la mano en el suelo creamos un apoyo compensatorio que permite la distensión y el estiramiento correcto de los músculos citados.

Inclinación lateral del tronco con apoyo en pared

ESPALDA

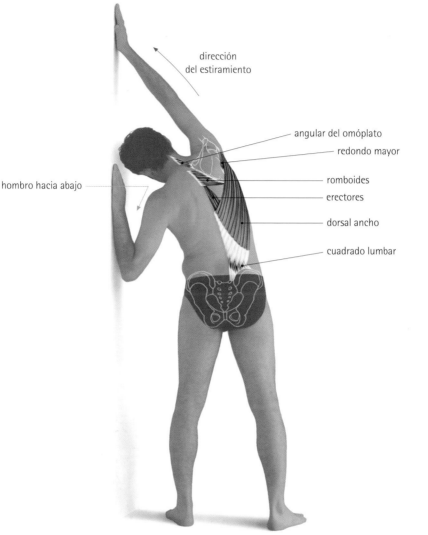

E.M.G.: 292 uVs

dirección
del estiramiento

angular del omóplato

redondo mayor

hombro hacia abajo

romboides

erectores

dorsal ancho

cuadrado lumbar

PRINCIPALES MÚSCULOS ESTIRADOS

- Angular del omóplato
- Cuadrado lumbar
- Dorsal ancho
- Erectores de la columna
- Pectoral mayor
- Redondo mayor
- Romboides
- Trapecio (porción media)*

*Este músculo no está dibujado.

DESCRIPCIÓN DEL MOVIMIENTO

❶ Colócate de pie con las piernas separadas.
❷ Eleva el brazo hasta apoyarlo en la pared.
❸ Inclina el tronco hacia un lado.
❹ Apoya la otra mano y el antebrazo en la pared creando un apoyo compensatorio.

MÉTODO DE ESTIRAMIENTO

■ Estiramiento estático.

OBSERVACIONES

Desplaza el hombro hacia abajo, manteniéndolo separado de la cabeza.

Otros ejercicios utilizados para estirar los mismos músculos

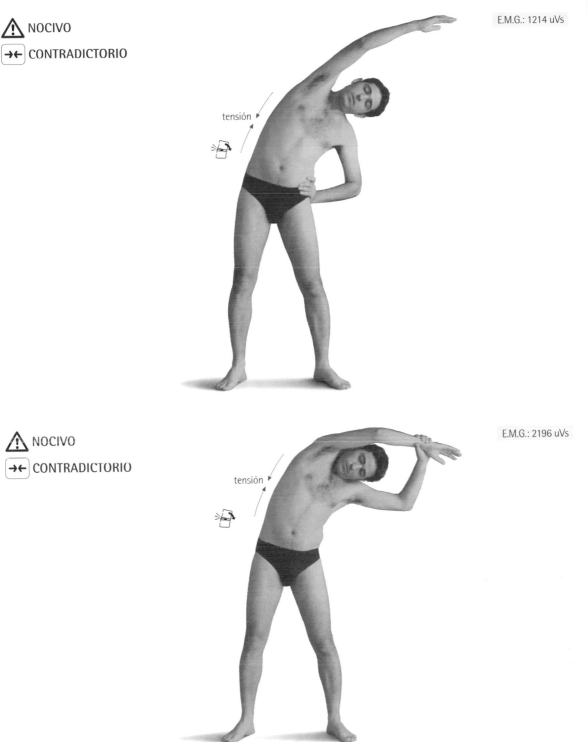

⚠ NOCIVO
→← CONTRADICTORIO

E.M.G.: 1214 uVs

tensión

⚠ NOCIVO
→← CONTRADICTORIO

E.M.G.: 2196 uVs

tensión

Al salir del eje vertical (el tronco, la cabeza y los brazos), si no hay apoyo compensatorio los músculos que pretendemos estirar se contraen y por ello resultan **contradictorios**. Al no mantener la columna vertebral sus curvaturas anatómicas estando en situación de carga, resultan **nocivos**.

3 Inclinación lateral del tronco en el suelo

E.M.G.: 187 uVs

dirección
de la presión

pelvis en el suelo

dirección
del estiramiento

dirección
del estiramiento

angular del omóplato

redondo mayor

erectores

dorsal ancho

romboides

cuadrado lumbar

PRINCIPALES MÚSCULOS ESTIRADOS

- Angular del omóplato
- Cuadrado lumbar
- Dorsal ancho
- Erectores de la columna
- Pectoral mayor
- Redondo mayor
- Romboides
- Trapecio (porción media)*

*Este músculo no está dibujado.

DESCRIPCIÓN DEL MOVIMIENTO

❶ Tiéndete en el suelo boca abajo.
❷ Extiende el brazo por encima de la cabeza y estíralo hacia la punta de los dedos.
❸ Flexiona (inclina) el tronco y las piernas lateralmente.

MÉTODO DE ESTIRAMIENTO

1 Estiramiento estático.
2 Estiramiento estático + Contracción agonista (presionar con el brazo en el suelo).

OBSERVACIONES

Mantén el pecho, el abdomen, la pelvis y los muslos en contacto con el suelo.
Debes mantener la pelvis del lado cerrado en el suelo, ya que tiende a levantarse para compensar.

Otros ejercicios utilizados para estirar los mismos músculos

⚠ NOCIVO

⇥⇤ CONTRADICTORIO

E.M.G.: 2196 uVs

tensión

tensión

⚠ NOCIVO

⇥⇤ CONTRADICTORIO

E.M.G.: 1112 uVs

tensión

Al salir del eje vertical (el tronco, la cabeza y los brazos), si no hay apoyo compensatorio los músculos que pretendemos estirar se contraen y por ello resultan **contradictorios**. Al no mantener la columna vertebral sus curvaturas anatómicas estando en situación de carga, resultan **nocivos**.

4

Peso hacia atrás

E.M.G.: 420 uVs

romboides

dorsal ancho

angular
del omóplato

dirección
del estiramiento

redondo mayor

pectoral mayor

PRINCIPALES
MÚSCULOS ESTIRADOS

- ❯ Angular del omóplato
- ❯ Dorsal ancho
- ❯ Pectoral mayor
- ❯ Redondo mayor
- ❯ Romboides
- ❯ Trapecio (porción media)*

*Este músculo no está dibujado.

DESCRIPCIÓN DEL MOVIMIENTO

❶ De pie, flexiona las caderas llevando el tronco hacia delante.

❷ Agarra con las manos un punto de sujeción.

❸ Estírate hacia atrás con las piernas.

MÉTODO DE ESTIRAMIENTO

▪ Estiramiento estático.

OBSERVACIONES

Alinea las manos y las caderas.

Otros ejercicios utilizados para estirar los mismos músculos

⚠ NOCIVO

⟶⟵ CONTRADICTORIO

⟶⟵ CONTRADICTORIO

tensión

Al salir del eje vertical (el tronco), los músculos que pretendemos estirar se contraen y por ello resulta **contradictorio**. Al no mantener la columna vertebral sus curvaturas anatómicas y con la tensión de los músculos, resulta **nocivo**.

E.M.G.: 1967 uVs

tensión

En este caso, a pesar de que el cuerpo no ha perdido su verticalidad, los músculos se contraen para mantener la cohesión entre el tronco y el tren inferior resultando **contradictorio**.

E.M.G.: 904 uVs

✓ CORRECTO

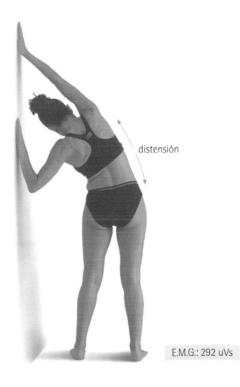

distensión

Apoyando las manos en la pared, los músculos citados dejan de contraerse, se relajan y permiten el estiramiento correcto y **respetuoso**.

E.M.G.: 292 uVs

5 ## Acercar la cabeza a las rodillas

E.M.G.: 350 uVs

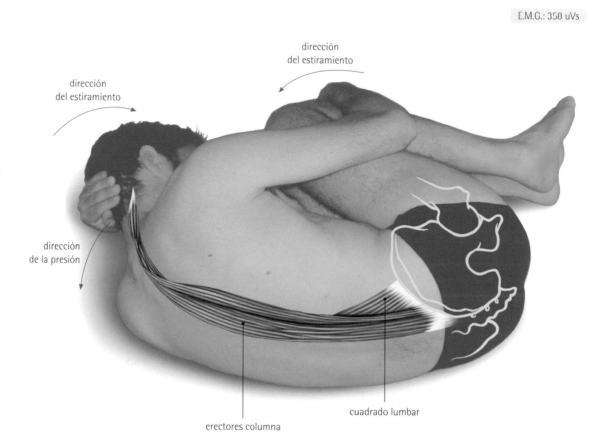

dirección del estiramiento

dirección del estiramiento

dirección de la presión

cuadrado lumbar

erectores columna

PRINCIPALES MÚSCULOS ESTIRADOS

- Cuadrado lumbar
- Erectores de la columna
  (región lumbar, dorsal y cervical)

DESCRIPCIÓN DEL MOVIMIENTO

❶ Túmbate de costado en el suelo.
❷ Flexiona el tronco y las piernas sujetando la cabeza con la mano que está debajo y las piernas con la otra mano.

MÉTODO DE ESTIRAMIENTO

1 Estiramiento estático.
2 Estiramiento estático + Contracción agonista (presiona la cabeza con la mano).

OBSERVACIONES

Al inspirar, céntrate en el movimiento de la expansión de la espalda.

Otros ejercicios utilizados para estirar los mismos músculos

⚠ NOCIVO

⇥⇤ CONTRADICTORIO

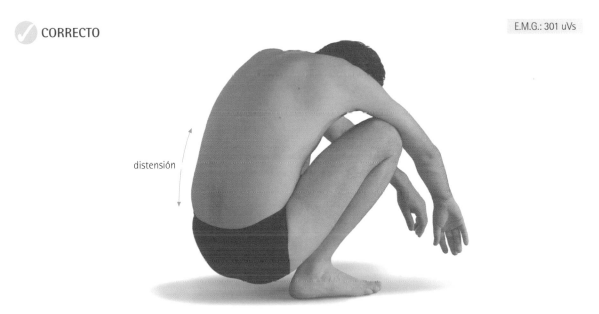

tensión

E.M.G.: 1010 uVs

tensión

Al salir del eje vertical (el tronco, la cabeza y los brazos), si no hay apoyo compensatorio los músculos que pretendemos estirar se contraen y por ello resultan **contradictorios**. Al no mantener la columna vertebral sus curvaturas anatómicas estando en situación de carga, resultan **nocivos**.

✓ CORRECTO

E.M.G.: 301 uVs

distensión

En esta posición a apoyar el tronco con los brazos sobre las rodillas los músculos se relajan y permiten el estiramiento **respetuoso**.

6 **Sentado sobre los talones, flexión del tronco adelante**

E.M.G.: 257 uVs

erectores de la columna

cuadrado lumbar

dirección
del estiramiento

dirección
del estiramiento

PRINCIPALES MÚSCULOS ESTIRADOS

○ Cuadrado lumbar
○ Erectores de la columna (región lumbar y dorsal)

DESCRIPCIÓN DEL MOVIMIENTO

❶ Siéntate sobre los talones.
❷ Inclina el tronco hacia delante apoyando la cabeza y los antebrazos en el suelo.

MÉTODO DE ESTIRAMIENTO

❶ Estiramiento estático.

OBSERVACIONES

Al inspirar, céntrate en el movimiento de la expansión de la espalda.

⚠ NOCIVO

➡⬅ CONTRADICTORIO

E.M.G.: 1490 uVs

tensión

Al salir del eje vertical (las piernas), si no hay apoyo compensatorio los músculos que pretendemos estirar se contraen y por ello resulta **contradictorio**. Al no mantener la columna vertebral sus curvaturas anatómicas estando en situación de carga, resulta **nocivo**.

✔ CORRECTO

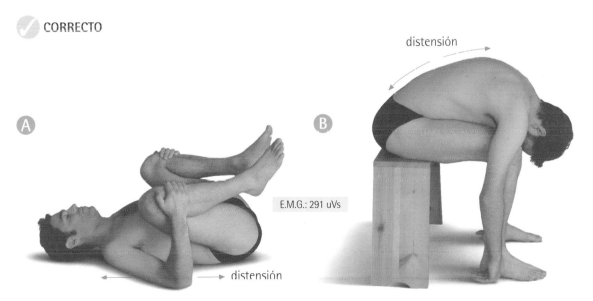

distensión

A

B

E.M.G.: 291 uVs

distensión

Obsérvese la posición de descarga en A y de apoyo en B.

Brazos en «V»

E.M.G.: 420 uVs

dirección de la contracción

dirección
de la presión

dorsal ancho

redondo

pectoral
mayor

romboides

dirección
de la presión

dirección
del estiramiento

PRINCIPALES MÚSCULOS ESTIRADOS

- Dorsal ancho
- Pectoral mayor
- Redondo mayor
- Romboides

DESCRIPCIÓN DEL MOVIMIENTO

❶ Ponte de rodillas.
❷ Inclina el tronco hacia delante apoyando las manos en el suelo con los brazos estirados en «V».
❸ Avanza las manos hasta sentir el estiramiento, dejando la mayor parte del peso sobre las piernas.

MÉTODO DE ESTIRAMIENTO

1 Estiramiento estático.
2 Estiramiento estático + Contracción agonista (presiona con los antebrazos y palmas de las manos en el suelo).
3 Estiramiento estático + Contracción antagonista (acerca los omóplatos hacia la columna).

→← CONTRADICTORIO

E.M.G.: 755 uVs

tensión

En esta posición, al avanzar las caderas, se alarga el brazo de palanca, y para compensarlo, los músculos que se pretenden estirar se contraen con más fuerza cuanto más se avance, resultando **contradictorio**.

CORRECTO

E.M.G.: 88 uVs

distensión

Al estar en posición de descarga, los músculos se distienden permitiendo el estiramiento.

Torsión del tórax en el suelo

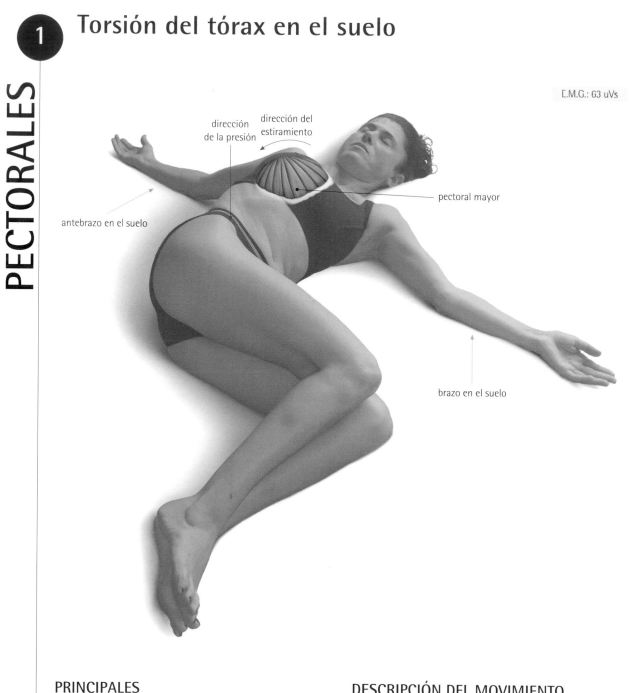

E.M.G.: 63 uVs

dirección
de la presión

dirección del
estiramiento

antebrazo en el suelo

pectoral mayor

brazo en el suelo

PRINCIPALES MÚSCULOS ESTIRADOS
▶ Pectoral mayor

DESCRIPCIÓN DEL MOVIMIENTO
❶ Túmbate de costado en el suelo.
❷ Flexiona las piernas formando un ángulo recto.
❸ Gira el tórax.
❹ Pon los brazos en cruz, con las palmas de las manos hacia arriba.

MÉTODO DE ESTIRAMIENTO
1 Estiramiento estático.
3 Estiramiento estático + Contracción antagonista (haz presión con el brazo hacia el suelo y acerca los omóplatos hacia la columna vertebral).

Apertura lateral de brazos en banco

E.M.G.: 80 uVs

pectoral mayor

coracobraquial

taco de madera

dirección de la contracción
(omóplatos hacia columna)

deltoides anterior

bíceps

dirección del
estiramiento

PRINCIPALES MÚSCULOS ESTIRADOS

- ● Bíceps braquial
- ● Coracobraquial
- ● Deltoides anterior
- ● Pectoral mayor
- ● Pectoral menor*

*Este músculo no está dibujado.

DESCRIPCIÓN DEL MOVIMIENTO

❶ Coge un peso de 0,25-1 kg con cada mano.
❶ Túmbate en un banco.
❷ Deja que los brazos cuelguen en los costados.

MÉTODO DE ESTIRAMIENTO

1 Estiramiento estático.
3 Estiramiento estático + Contracción antagonista (acerca los omóplatos hacia la columna vertebral).

OBSERVACIONES

El peso utilizado debe permitir la elongación del músculo.

Apertura del brazo en la pared

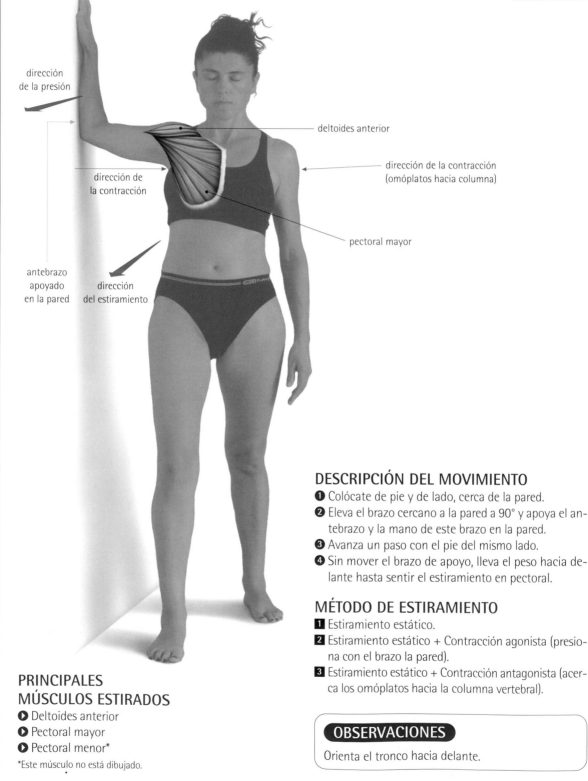

E.M.G.: 164 uVs

dirección
de la presión

deltoides anterior

dirección de la contracción
(omóplatos hacia columna)

dirección de
la contracción

pectoral mayor

antebrazo
apoyado
en la pared

dirección
del estiramiento

PRINCIPALES
MÚSCULOS ESTIRADOS
- Deltoides anterior
- Pectoral mayor
- Pectoral menor*

*Este músculo no está dibujado.

DESCRIPCIÓN DEL MOVIMIENTO
❶ Colócate de pie y de lado, cerca de la pared.
❷ Eleva el brazo cercano a la pared a 90° y apoya el antebrazo y la mano de este brazo en la pared.
❸ Avanza un paso con el pie del mismo lado.
❹ Sin mover el brazo de apoyo, lleva el peso hacia delante hasta sentir el estiramiento en pectoral.

MÉTODO DE ESTIRAMIENTO
1 Estiramiento estático.
2 Estiramiento estático + Contracción agonista (presiona con el brazo la pared).
3 Estiramiento estático + Contracción antagonista (acerca los omóplatos hacia la columna vertebral).

OBSERVACIONES
Orienta el tronco hacia delante.

Apertura de brazos en la puerta

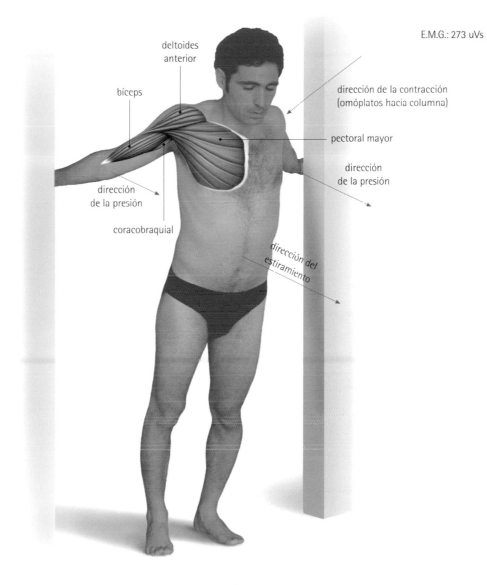

E.M.G.: 273 uVs

deltoides anterior

bíceps

dirección de la contracción
(omóplatos hacia columna)

pectoral mayor

dirección
de la presión

dirección
de la presión

coracobraquial

dirección del
estiramiento

PRINCIPALES MÚSCULOS ESTIRADOS

- ● Bíceps braquial
- ● Coracobraquial
- ● Deltoides anterior
- ● Pectoral mayor
- ● Pectoral menor*

*Este músculo no está dibujado.

DESCRIPCIÓN DEL MOVIMIENTO

❶ Colócate de pie, centrado en el marco de una puerta.
❷ Eleva los brazos a la altura del pecho, colocando los antebrazos a ambos lados de la puerta.
❸ Inclínate hacia delante sin elevar los talones.

MÉTODO DE ESTIRAMIENTO

1 Estiramiento estático.
2 Estiramiento estático + Contracción agonista (presiona con los antebrazos hacia delante [los marcos]).
3 Estiramiento estático + Contracción antagonista (acerca los omóplatos hacia la columna vertebral).

OBSERVACIONES

Al inclinarte hacia delante, mantente rígido.

Apertura de brazos en esquina

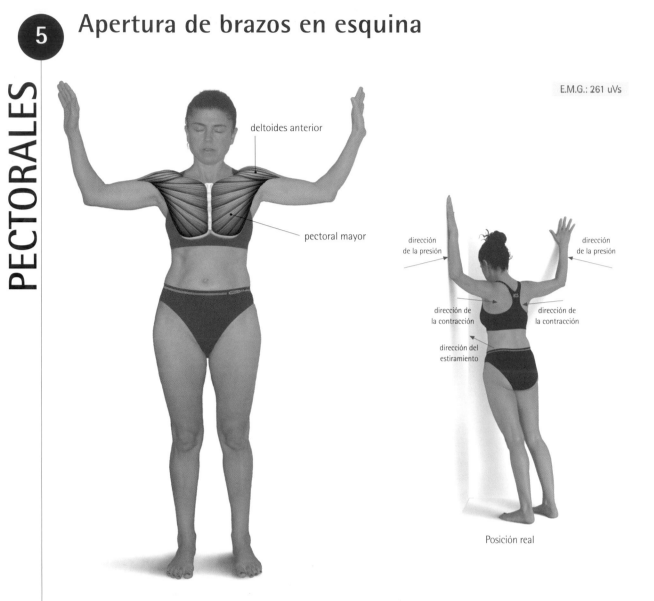

E.M.G.: 261 uVs

deltoides anterior

pectoral mayor

dirección de la presión

dirección de la presión

dirección de la contracción

dirección de la contracción

dirección del estiramiento

Posición real

PRINCIPALES MÚSCULOS ESTIRADOS

❯ Deltoides anterior
❯ Pectoral mayor
❯ Pectoral menor*

*Este músculo no está dibujado.

DESCRIPCIÓN DEL MOVIMIENTO

❶ Colócate de pie en el vértice de una habitación.
❷ Eleva los brazos flexionados a la altura de los hombros.
❸ Apoya los antebrazos y las manos en las paredes.
❹ Inclina el cuerpo hacia delante manteniendo los talones en el suelo.

MÉTODO DE ESTIRAMIENTO

1 Estiramiento estático.
2 Estiramiento estático + Contracción agonista (presiona con los antebrazos contra la pared).
3 Estiramiento estático + Contracción antagonista (acerca los omóplatos hacia la columna vertebral).

OBSERVACIONES

Al inclinarte hacia delante mantente rígido.

Acercar el codo a la columna vertebral

E.M.G.: 336 uVs

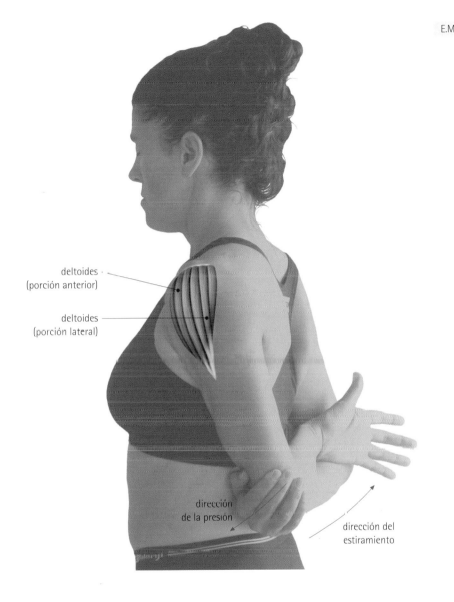

deltoides
(porción anterior)

deltoides
(porción lateral)

dirección
de la presión

dirección del
estiramiento

PRINCIPALES
MÚSCULOS ESTIRADOS
❯ Deltoides (porción anterior y porción lateral)

DESCRIPCIÓN DEL MOVIMIENTO
❶ Colócate de pie.
❷ Flexiona un brazo a nivel del codo y crúzalo por detrás de la espalda.
❸ Coje ese codo con la otra mano y estíralo en dirección hacia el otro lado.

MÉTODO DE ESTIRAMIENTO
1 Estiramiento estático.
2 Estiramiento estático + Contracción agonista (empuja con el codo hacia la mano que lo sujeta).

OBSERVACIONES
Si no puedes cojer el codo, coge el antebrazo o la muñeca.

2 Tracción del brazo al cuello

E.M.G.: 256 uVs

dirección del estiramiento

dirección de la presión

deltoides posterior

PRINCIPALES MÚSCULOS ESTIRADOS

❯ Deltoides posterior

❯ Trapecio (porción media y porción inferior)*

*Este músculo no está dibujado.

DESCRIPCIÓN DEL MOVIMIENTO

❶ Túmbate de espaldas en el suelo.

❷ Eleva un brazo y crúzalo por delante del cuello.

❸ Coge el codo con la otra mano y acércalo hacia el cuello.

❸ Lleva las rodillas flexionadas en dirección opuesta a los brazos.

MÉTODO DE ESTIRAMIENTO

1 Estiramiento estático.

2 Estiramiento estático + Contracción agonista (presiona con el codo la mano que lo sujeta).

→← CONTRADICTORIO

E.M.G.: 1281 uVs

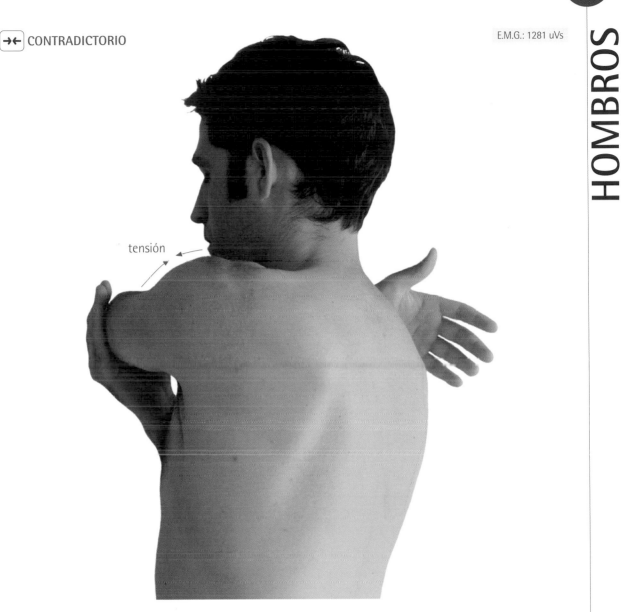

tensión

Al estar de pie con el brazo levantado sin apoyo externo al cuerpo, los músculos deltoides y trapecio que pretendemos estirar se contraen, por ello resulta **contradictorio**.

① Apertura del brazo extendido en el suelo

E.M.G.: 136 uVs

dirección del estiramiento

dirección de la presión

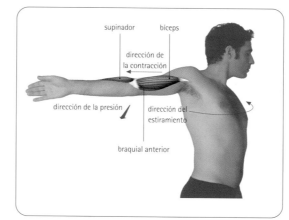

supinador   bíceps

dirección de
la contracción

dirección de la presión

dirección del
estiramiento

braquial anterior

Imagen vista a través de un cristal en el suelo

PRINCIPALES MÚSCULOS ESTIRADOS
- ▶ Bíceps
- ▶ Braquial anterior
- ▶ Supinador

DESCRIPCIÓN DEL MOVIMIENTO
❶ Túmbate en el suelo, de costado.
❷ Extiende el brazo que está debajo del cuerpo hacia atrás.
❸ Apoya la otra mano en el suelo por delante del pecho.
❹ Rota el tronco hacia atrás.

MÉTODO DE ESTIRAMIENTO
❶ Estiramiento estático.
❷ Estiramiento estático + Contracción agonista (presiona con el brazo la pared).

Otros ejercicios utilizados para estirar los mismos músculos

→← CONTRADICTORIO

E.M.G.: 1643 uVs

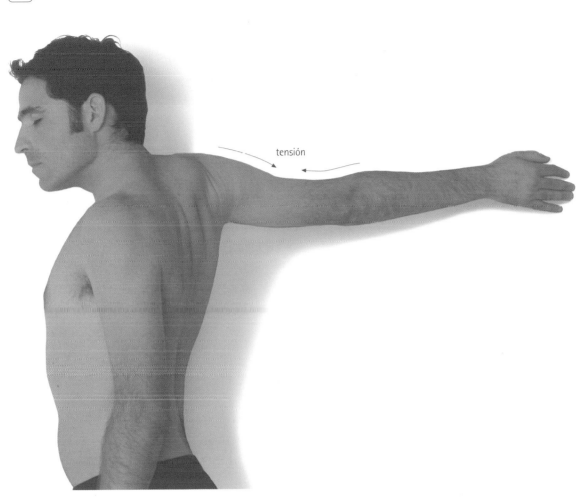

tensión

Si en vez de estar tumbado en el suelo, realizas este ejercicio de pie con el brazo contra la pared, los músculos que pretendes estirar se contraen, porque también sostienen el brazo, por ello resulta **contradictorio**.

2 ## Flexión del puño

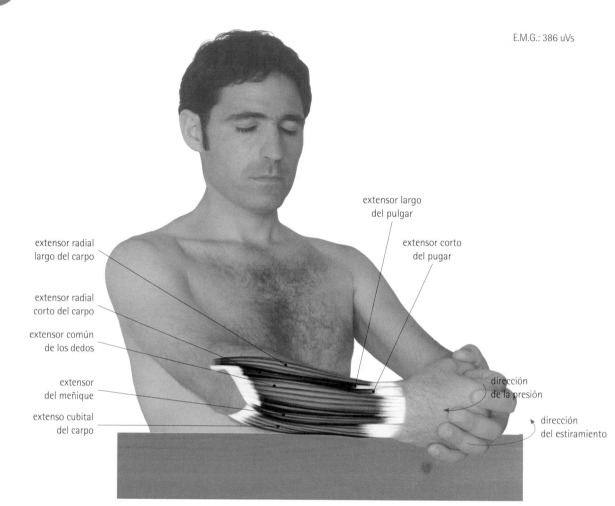

E.M.G.: 386 uVs

extensor largo
del pulgar

extensor corto
del pugar

extensor radial
largo del carpo

extensor radial
corto del carpo

extensor común
de los dedos

extensor
del meñique

extenso cubital
del carpo

dirección
de la presión

dirección
del estiramiento

PRINCIPALES
MÚSCULOS ESTIRADOS
- ▶ Extensor común de los dedos
- ▶ Extensor corto del pulgar
- ▶ Extensor cubital del carpo
- ▶ Extensor largo del pulgar
- ▶ Extensor del meñique
- ▶ Extensor radial corto del carpo
- ▶ Extensor radial largo del carpo

DESCRIPCIÓN DEL MOVIMIENTO
1. Colócate de pie o sentado ante una mesa u otra superficie.
2. Apoya un brazo semiextendido delante del cuerpo.
3. Cierra la mano de este brazo en forma de puño.
4. Con la otra mano, coge el puño cerrado y flexiónalo hacia el pecho.

MÉTODO DE ESTIRAMIENTO
1. Estiramiento estático.
2. Estiramiento estático + Contracción agonista (presiona el puño contra la mano que lo flexiona).

Otros ejercicios utilizados para estirar los mismos músculos

→← CONTRADICTORIO

E.M.G.: 1392 uVs

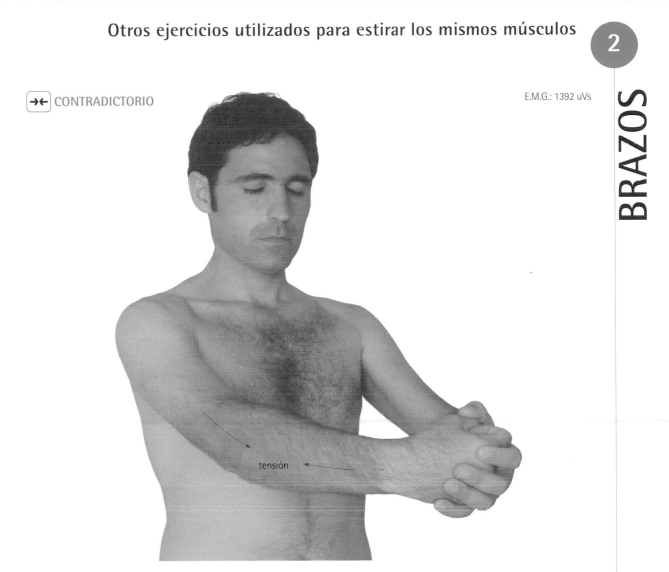

tensión

Al no apoyar el brazo, los músculos que pretendemos estirar, participan para mantener la postura y se contraen, por ello resulta **contradictorio**.

3 Dedos hacia atrás

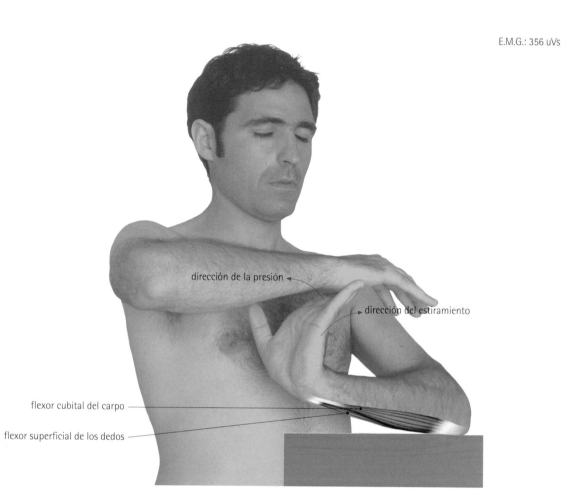

E.M.G.: 356 uVs

dirección de la presión

dirección del estiramiento

flexor cubital del carpo

flexor superficial de los dedos

PRINCIPALES MÚSCULOS ESTIRADOS
- ▶ Flexor cubital del carpo
- ▶ Flexor superficial de los dedos

Músculos secundarios
- ▶ Flexor corto
- ▶ Flexor profundo
- ▶ Flexor radial
- ▶ Palmar mayor

DESCRIPCIÓN DEL MOVIMIENTO
❶ Colócate de pie o sentado ante una mesa u otra superficie.
❷ Apoya un brazo semiflexionado delante del cuerpo.
❸ Pon los dedos y la mano, con ayuda de la otra, en posición de extensión, dirigiéndolos hacia su codo.

MÉTODO DE ESTIRAMIENTO
1 Estiramiento estático.
2 Estiramiento estático + Contracción agonista (presiona con los dedos la mano que los estira).

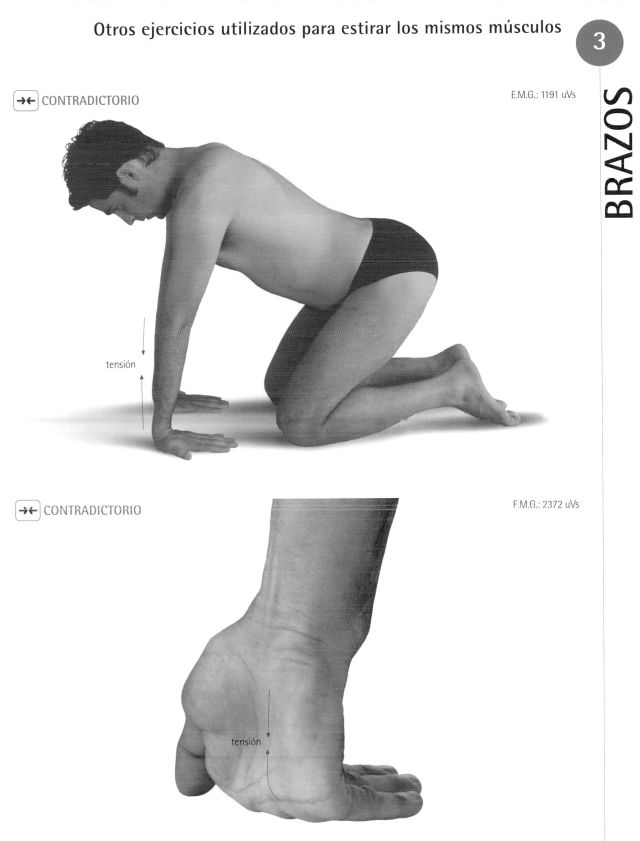

⊣⊢ CONTRADICTORIO

E.M.G.: 1191 uVs

tensión

⊣⊢ CONTRADICTORIO

F.M.G.: 2372 uVs

tensión

Al estar apoyando parte del peso del cuerpo sobre las manos, los músculos que pretendemos estirar se contraen para estabilizar, por ello resultan **contradictorios**.

4

Acercar el brazo a la columna vertebral

dirección del estiramiento

E.M.G.: 82 uVs (tumbado en el suelo)

E.M.G.: 534 uVs (de pie)

tríceps braquial

Imagen vista a través de un cristal estando la persona
tumbada de espaldas en el suelo

PRINCIPALES MÚSCULOS ESTIRADOS

- Deltoides (porción posterior)
- Dorsal ancho
- Pectoral mayor
- Redondo mayor y menor
- Tríceps braquial

DESCRIPCIÓN DEL MOVIMIENTO

❶ Túmbate en el suelo.

❷ Acerca un brazo hacia la cabeza por detrás, flexionando el codo.

❸ Con la ayuda de la otra mano, coje el codo y acércalo al eje de la columna vertebral.

MÉTODO DE ESTIRAMIENTO

1 Estiramiento estático.

Acercar la oreja al hombro

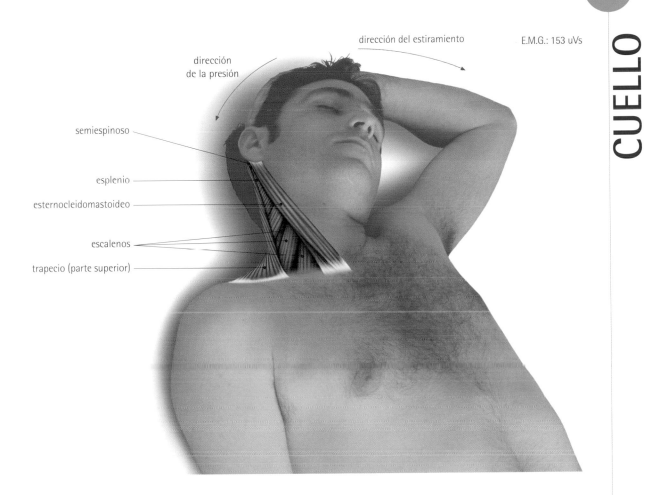

dirección del estiramiento

E.M.G.: 153 uVs

dirección
de la presión

semiespinoso

esplenio

esternocleidomastoideo

escalenos

trapecio (parte superior)

PRINCIPALES MÚSCULOS ESTIRADOS

- Complexo menor*
- Dorsal largo del cuello*
- Escalenos
- Esplenio
- Esternocleidomastoideo
- Largo del cuello*
- Oblicuo superior de la cabeza*
- Semiespinoso
- Transverso del cuello*
- Trapecio (parte superior)

*Estos músculos no están dibujados.

DESCRIPCIÓN DEL MOVIMIENTO

1. Túmbate en el suelo.
2. Inclina la cabeza hacia un lado.
3. Coge la cabeza con la mano del lado al que se ha inclinado y dirígela hacia el hombro de ese lado.

MÉTODO DE ESTIRAMIENTO

1. Estiramiento estático.
2. Estiramiento estático + Contracción agonista (presiona con la cabeza la mano que la sostiene).

OBSERVACIONES

Mantén la nuca alargada.

2 Elevar la cabeza hacia delante con las manos

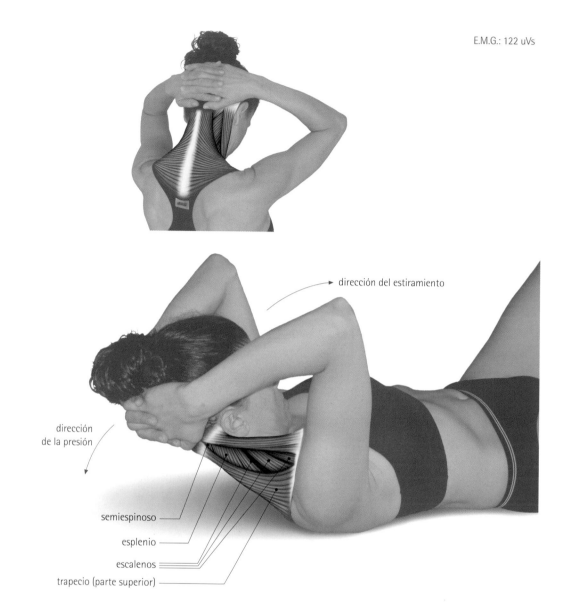

E.M.G.: 122 uVs

dirección del estiramiento

dirección de la presión

semiespinoso

esplenio

escalenos

trapecio (parte superior)

PRINCIPALES MÚSCULOS ESTIRADOS

- Complexo mayor*
- Complexo menor*
- Escalenos
- Esplenio
- Oblicuo mayor de la cabeza*
- Recto posterior mayor de la cabeza*
- Recto posterior menor de la cabeza*
- Semiespinoso
- Trapecio (parte superior)

*Estos músculos no están dibujados.

DESCRIPCIÓN DEL MOVIMIENTO

❶ Túmbate en el suelo.
❷ Eleva la cabeza con las manos llevando el mentón hacia el pecho.

MÉTODO DE ESTIRAMIENTO

1 Estiramiento estático.
2 Estiramiento estático + Contracción agonista (presiona con la cabeza hacia el suelo).

⚠ NOCIVO

tensión

Con la flexión de la cabeza sobre el tórax y la presión del peso del cuerpo, esta postura genera un sobreestiramiento de los ligamentos posteriores de la séptima vértebra cervical y la primera vértebra dorsal, por ello resulta **nocivo**.

Extensión de la cabeza hacia el suelo

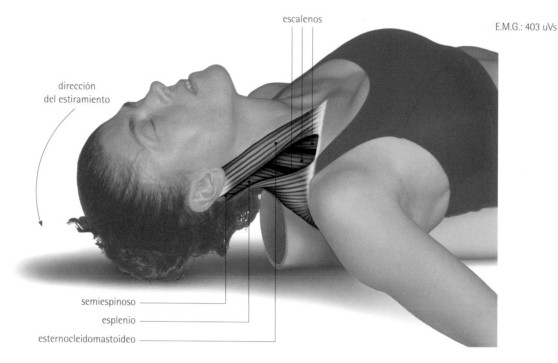

escalenos

E.M.G.: 403 uVs

dirección
del estiramiento

semiespinoso

esplenio

esternocleidomastoideo

Visión gobal de la postura

PRINCIPALES MÚSCULOS ESTIRADOS

- ❯ Escalenos
- ❯ Esplenio
- ❯ Esternocleidomastoideo
- ❯ Largo del cuello*
- ❯ Recto anterior del cuello*
- ❯ Semiespinoso

*Estos músculos no están dibujados.

DESCRIPCIÓN DEL MOVIMIENTO

❶ Túmbate de espaldas sobre una superfície dura de 10-12 cm de altura.
❷ Deja colgar la cabeza hacia atrás hasta apoyarla en el suelo.
❸ Alarga la nuca.

MÉTODO DE ESTIRAMIENTO

1 Estiramiento estático.

OBSERVACIONES

Si la posición de la cabeza resulta incómoda elevarla con un soporte (taco de madera o un libro).

Rotación de cabeza con empuje de la mano

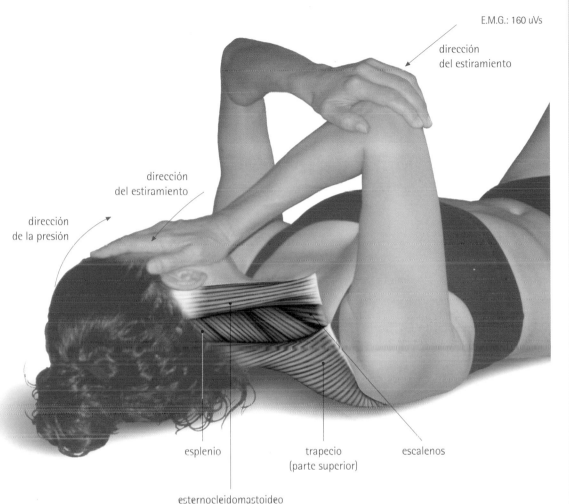

E.M.G.: 160 uVs

dirección
del estiramiento

dirección
del estiramiento

dirección
de la presión

esplenio

trapecio
(parte superior)

escalenos

esternocleidomastoideo

PRINCIPALES
MÚSCULOS ESTIRADOS
- Dorsal largo de la cabeza*
- Escalcnos
- Esplenio
- Esternocleidomastoideo
- Largo del cuello*
- Multífido cervical*
- Recto anterior mayor de la cabeza*
- Recto anterior menor de la cabeza*
- Recto posterior menor de la cabeza*
- Rotadores cervicales*
- Semiespinosos cuello y cabeza*
- Trapecio (parte superior)

*Estos músculos no están dibujados.

DESCRIPCIÓN DEL MOVIMIENTO
1. Túmbate en el suelo.
2. Gira la cabeza llevando el mentón hacia el hombro.
3. Pon la mano del otro brazo sobre la cara y empuja hacia el suelo.

MÉTODO DE ESTIRAMIENTO
1. Estiramiento estático.
2. Estiramiento estático + Contracción agonista (presiona con la cara la mano).

Flexión del tronco sobre una pierna

1

E.M.G.: 127 uVs

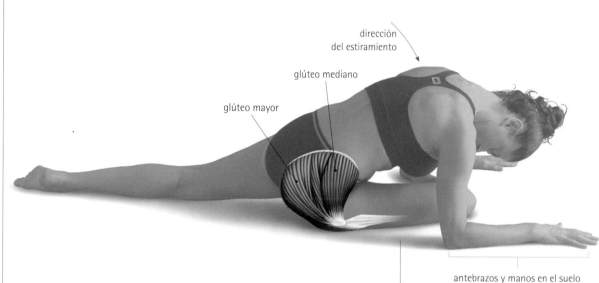

dirección
del estiramiento

glúteo mediano

glúteo mayor

antebrazos y manos en el suelo

dirección
de la presión

PRINCIPALES MÚSCULOS ESTIRADOS

- ◗ Cuadrado crural*
- ◗ Gémino superior e inferior*
- ◗ Glúteo mayor
- ◗ Glúteo mediano (fibras posteriores)
- ◗ Obturadores*
- ◗ Piramidal*

*Estos músculos no están dibujados.

DESCRIPCIÓN DEL MOVIMIENTO

❶ Siéntate con una pierna extendida hacia atrás y la otra delante flexionada en un ángulo de 90° en la rodilla.

❷ Flexiona el tronco sobre la pierna delantera.

❸ Apoya los antebrazos y las manos en el suelo.

MÉTODO DE ESTIRAMIENTO

1 Estiramiento estático.

2 Estiramiento estático + Contracción agonista (presiona con la pierna hacia el suelo).

OBSERVACIONES

Rota el tórax alineando el esternón con la rodilla. Si no puedes apoyar los antebrazos apoya las palmas de las manos.

Flexión de pierna hacia el tronco

E.M.G.: 37 uVs

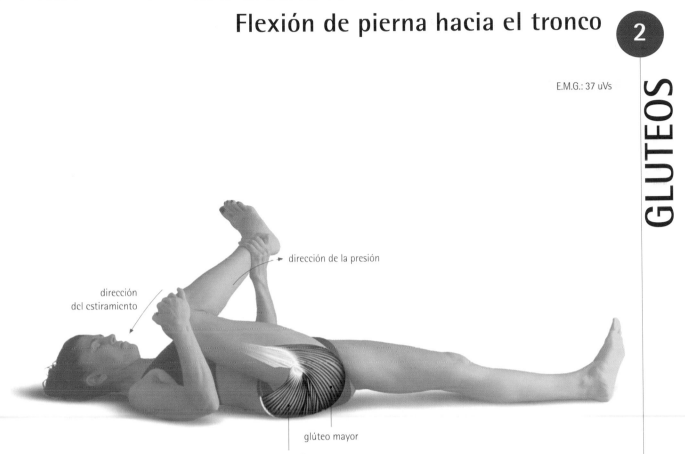

dirección de la presión

dirección del estiramiento

glúteo mayor

glúteo mediano

PRINCIPALES MÚSCULOS ESTIRADOS

- ● Cuadrado crural*
- ● Gémino superior e inferior*
- ● Glúteo mayor
- ● Glúteo mediano (fibras posteriores)
- ● Obturadores*
- ● Piramidal*

*Estos músculos no están dibujados.

DESCRIPCIÓN DEL MOVIMIENTO

❶ Túmbate en el suelo boca arriba.
❷ Flexiona una pierna hacia el tronco.
❸ Flexiona la pierna, cógela con las dos manos y acércala hacia el pecho.

MÉTODO DE ESTIRAMIENTO

1 Estiramiento estático.
2 Estiramiento estático + Contracción agonista (presiona la pierna contra las manos).

OBSERVACIONES

Matén la otra pierna estirada.

3 Cruce de pierna flexionada hacia el tronco

E.M.G.: 53 uVs

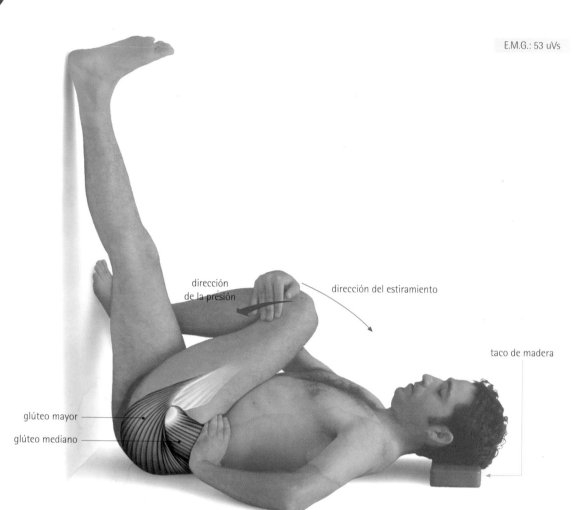

dirección
de la presión

dirección del estiramiento

taco de madera

glúteo mayor

glúteo mediano

PRINCIPALES MÚSCULOS ESTIRADOS

- ❯ Cuadrado crural*
- ❯ Gémino superior e inferior*
- ❯ Glúteo mayor
- ❯ Glúteo mediano (fibras posteriores)
- ❯ Obturadores*
- ❯ Piramidal*

*Estos músculos no están dibujados.

DESCRIPCIÓN DEL MOVIMIENTO

❶ Túmbate en el suelo cerca de una pared.
❷ Estira las piernas y apóyalas en la pared.
❸ Flexiona una pierna hacia el tórax, cruzándola sobre la otra hasta tocar con el pie la pared.
❹ Coje la pierna con la mano contraria y tira de ella en dirección al hombro opuesto.

MÉTODO DE ESTIRAMIENTO

1 Estiramiento estático.
2 Estiramiento estático + Contracción agonista (presiona la pierna contra la mano).

OBSERVACIONES

No levantes la zona sacra del suelo.

Flexión sobre piernas cruzadas

E.M.G.: 30 uVs

Vista frontal

dirección
del estiramiento

glúteo mediano

glúteo mayor

PRINCIPALES
MÚSCULOS ESTIRADOS
- ● Cuadrado crural*
- ● Gémino superior e inferior*
- ● Glúteo mayor
- ● Glúteo mediano (fibras posteriores)
- ● Obturadores *
- ● Piramidal*

*Estos músculos no están dibujados.

DESCRIPCIÓN DEL MOVIMIENTO
❶ Siéntate en el suelo y cruza una pierna sobre la otra.
❷ Flexiona el tronco y la pelvis hacia las piernas.
❸ Apoya las manos en el suelo.
❹ Inclina el tronco hacia delante.

MÉTODO DE ESTIRAMIENTO
◼ Estiramiento estático.

Flexión de piernas sobre el cuerpo

GLUTEOS

E.M.G.: 37 uVs

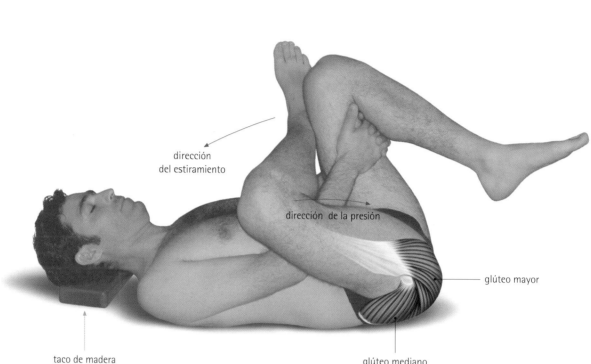

dirección
del estiramiento

dirección de la presión

glúteo mayor

taco de madera

glúteo mediano

PRINCIPALES MÚSCULOS ESTIRADOS

- ▶ Cuadrado crural*
- ▶ Gémino superior e inferior*
- ▶ Glúteo mayor
- ▶ Glúteo mediano (fibras posteriores)
- ▶ Obturadores*
- ▶ Piramidal*

*Estos músculos no están dibujados.

DESCRIPCIÓN DEL MOVIMIENTO

❶ Túmbate en el suelo.
❷ Cruza una pierna por encima de la otra.
❸ Flexiona las piernas sobre el cuerpo.
❹ Coge con las manos la pierna no cruzada y acércala al tórax.

MÉTODO DE ESTIRAMIENTO

1 Estiramiento estático.
2 Estiramiento estático + Contracción agonista (presiona la pierna contra la otra).

OBSERVACIONES

Mantén el sacro en el suelo.

Cruce de pierna flexionada

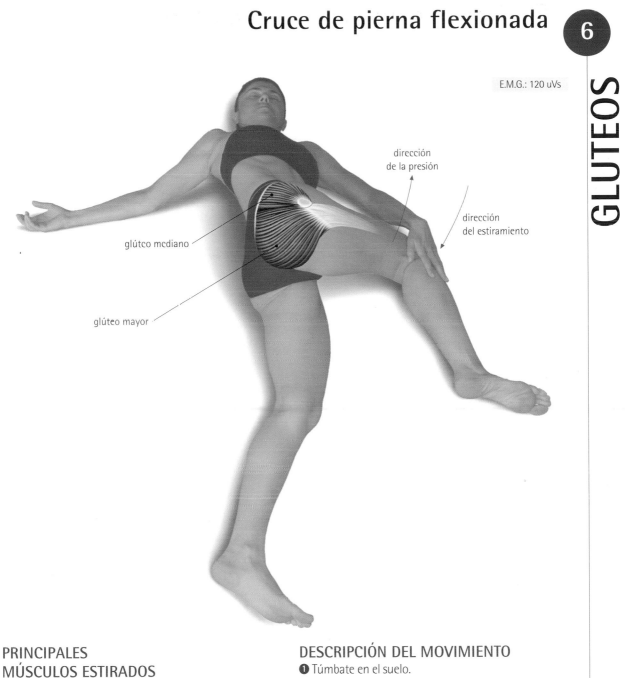

E.M.G.: 120 uVs

dirección
de la presión

dirección
del estiramiento

glúteo mediano

glúteo mayor

PRINCIPALES MÚSCULOS ESTIRADOS

- Cuadrado crural*
- Gémino superior e inferior*
- Glúteo mayor
- Glúteo mediano (fibras posteriores)
- Obturadores*
- Piramidal*

*Estos músculos no están dibujados.

DESCRIPCIÓN DEL MOVIMIENTO

1. Túmbate en el suelo.
2. Flexiona una pierna sobre el tronco y llévala hacia el otro lado hasta que descanse en el suelo.

MÉTODO DE ESTIRAMIENTO

1. Estiramiento estático.
2. Estiramiento estático + Contracción agonista (presiona la pierna contra la mano).

> ### OBSERVACIONES
>
> Mantén la rodilla derecha en el suelo con la mano.

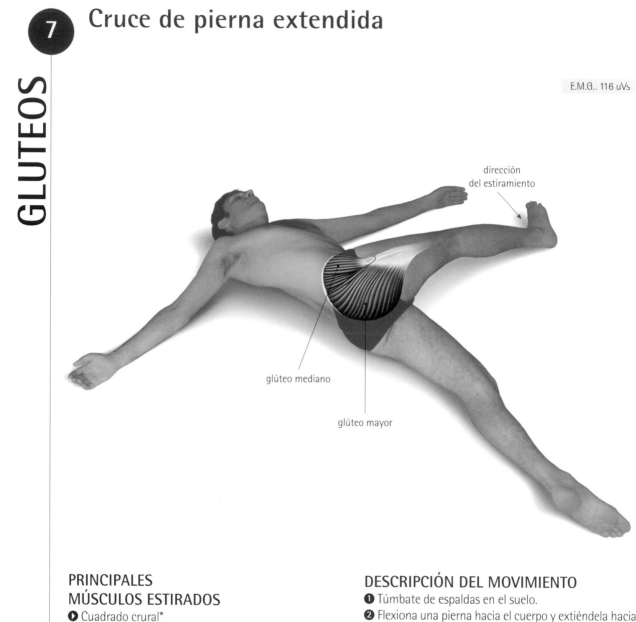

Cruce de pierna extendida

GLUTEOS

E.M.G.. 116 uVs

dirección
del estiramiento

glúteo mediano

glúteo mayor

PRINCIPALES
MÚSCULOS ESTIRADOS

- ▶ Cuadrado crural*
- ▶ Gémino superior e inferior*
- ▶ Glúteo mayor
- ▶ Glúteo mediano (fibras posteriores)
- ▶ Obturador interno y externo*
- ▶ Piramidal*

*Estos músculos no están dibujados.

DESCRIPCIÓN DEL MOVIMIENTO

❶ Túmbate de espaldas en el suelo.
❷ Flexiona una pierna hacia el cuerpo y extiéndela hacia el otro lado hasta apoyar el pie en el suelo.

MÉTODO DE ESTIRAMIENTO

1 Estiramiento estático.

Llevar pierna extendida hacia el interior

E.M.G.: 166 uVs

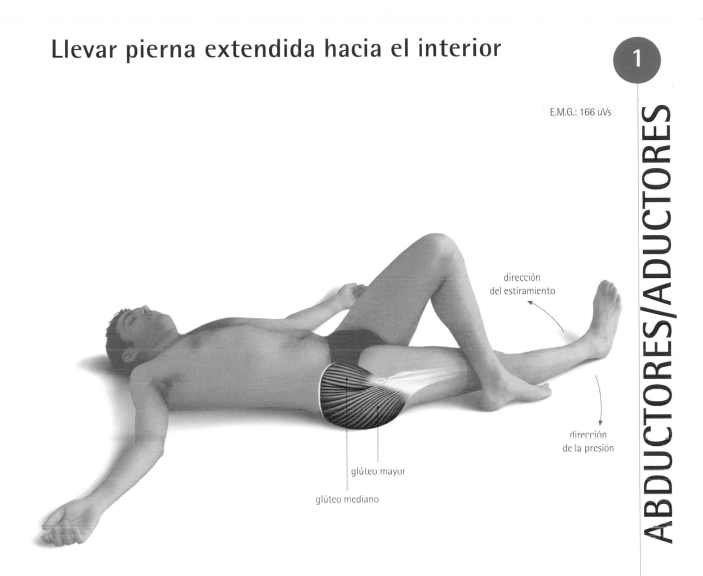

dirección
del estiramiento

dirección
de la presión

glúteo mayor

glúteo mediano

PRINCIPALES
MÚSCULOS ESTIRADOS

- ▶ Géminos
- ▶ Glúteo mayor
- ▶ Glúteo mediano
- ▶ Glúteo menor*
- ▶ Piramidal*
- ▶ Obturadores*
- ▶ Tensor fascia lata*

*Estos músculos no están dibujados.

DESCRIPCIÓN DEL MOVIMIENTO

① Túmbate en el suelo, boca arriba.
② Estira las piernas.
③ Desplaza hacia el interior una de las piernas.
④ Flexiona la otra pierna y con el pie en el suelo sostén la pierna estirada a la altura de la rodilla.

MÉTODO DE ESTIRAMIENTO

1 Estiramiento estático.
2 Estiramiento estático + Contracción agonista (presiona la pierna estirada contra la otra).

Plantas de los pies juntas, separar rodillas

E.M.G.: 114 uVs

dirección
del estiramiento

dirección
de la presión

aductor mayor
aductor mediano
aductor menor
pectíneo

PRINCIPALES
MÚSCULOS ESTIRADOS

- Aductor mayor
- Aductor mediano
- Aductor menor
- Glúteo mediano (porción anterior)*
- Glúteo menor
- Pectíneo
- Rotadores internos*
- Tensor fascia lata*

*Estos músculos no están dibujados.

DESCRIPCIÓN DEL MOVIMIENTO

❶ Túmbate en el suelo cerca de una pared.
❷ Apoya los pies en la pared.
❸ Junta las plantas de los pies y separa las rodillas hasta sentir el estiramiento.

MÉTODO DE ESTIRAMIENTO

1 Estiramiento estático (puedes presionar con las manos sobre las rodillas).
2 Estiramiento estático + Contracción agonista (presiona las rodillas contra las manos).

Otros ejercicios utilizados para estirar los mismos músculos

→← CONTRADICTORIO

E.M.G.: 1625 uVs

tensión

Al abrir las piernas desplazando el peso fuera del eje de la vertical, los músculos aductores se contraen para sostener el cuerpo, por ello resulta **contradictorio**.

✓ CORRECTO

E.M.G.: 110 uVs

E.M.G.: 83 uVs

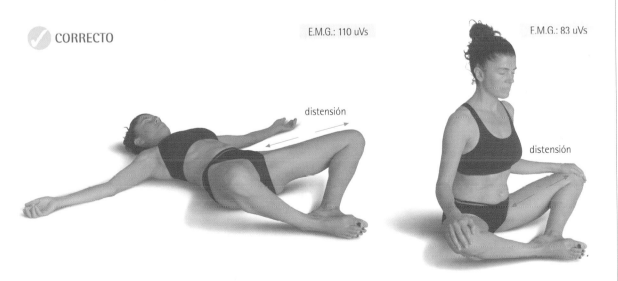

distensión

distensión

En estas posiciones, los músculos se elongan permitiendo el estiramiento **correcto**.

ABDUCTORES/ADUCTORES

E.M.G.: 75 uVs

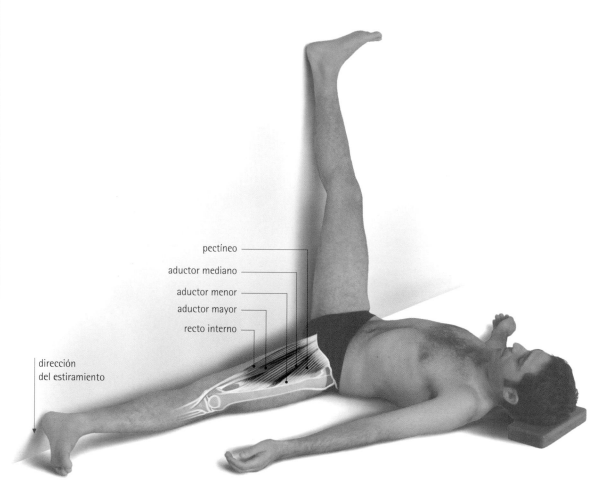

pectíneo

aductor mediano

aductor menor

aductor mayor

recto interno

dirección
del estiramiento

PRINCIPALES
MÚSCULOS ESTIRADOS
- Aductor mayor
- Aductor mediano
- Aductor menor
- Isquiotibiales*
- Pectíneo
- Recto interno

*Este músculo no está dibujado.

DESCRIPCIÓN DEL MOVIMIENTO
1 Túmbate en el suelo.
2 Apoya las piernas en la pared.
3 Desplaza una pierna estirada hasta el suelo.

MÉTODO DE ESTIRAMIENTO
1 Estiramiento estático.

OBSERVACIONES

Si la pierna no llega al suelo, pon una base para apoyarla, es imprescindible para que se elongen.

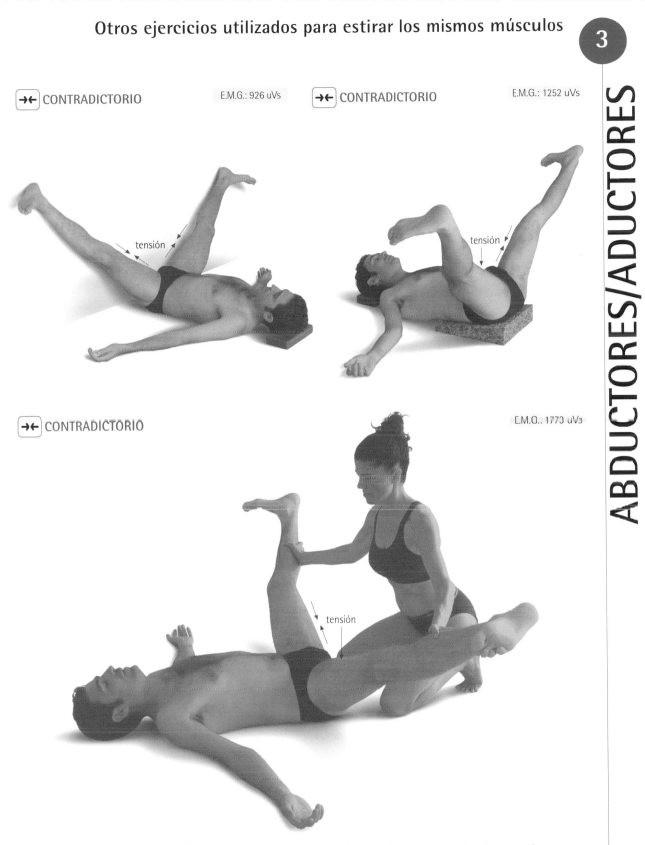

←→| CONTRADICTORIO   E.M.G.: 926 uVs

←→| CONTRADICTORIO   E.M.G.: 1252 uVs

tensión

←→| CONTRADICTORIO   E.M.G.: 1770 uVs

tensión

tensión

ABDUCTORES/ADUCTORES

Al salir del eje vertical (las piernas), si no hay apoyo compensatorio los músculos que pretendemos estirar se contraen y por ello resultan **contradictorios**.

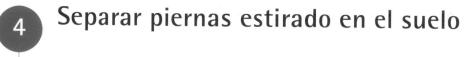

ABDUCTORES/ADUCTORES

E.M.G.: 65 uVs

recto interno
aductor mayor
aductor mediano
aductor menor
pectíneo

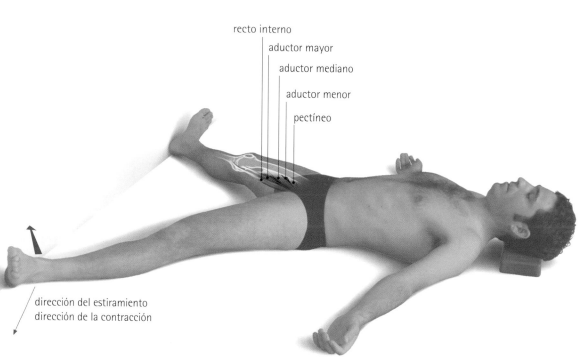

dirección del estiramiento
dirección de la contracción

PRINCIPALES
MÚSCULOS ESTIRADOS

- Aductor mayor
- Aductor mediano
- Aductor menor
- Pectíneo
- Recto interno

DESCRIPCIÓN DEL MOVIMIENTO

❶ Túmbate en el suelo con los pies apoyados en la pared.
❷ Abre las piernas buscando el apoyo de la pared hasta sentir la sensación de estiramiento.

MÉTODO DE ESTIRAMIENTO

1 Estiramiento estático.
2 Estiramiento estático + Contracción agonista (presiona en la pared).
3 Estiramiento estático + Contracción antagonista (intenta abrir las piernas).

OBSERVACIONES

Apoya la zona lumbar en el suelo o cerca de él.

Otros ejercicios utilizados para estirar los mismos músculos

→← CONTRADICTORIO

E.M.G.: 2066 uVs

tensión

→← CONTRADICTORIO

E.M.G.: 1099 uVs

tensión

Al separar las piernas teniendo que mantener el peso o parte del peso del cuerpo, los músculos aductores se contraen y por ello resultan **contradictorios**.

93

5 Separar piernas sentado en el suelo

E.M.G.: 110 uVs

aductor
mediano

aductor
mayor

recto interno

aductor menor

pectíneo

dirección
del estiramento

PRINCIPALES
MÚSCULOS ESTIRADOS
- Aductor mayor
- Aductor mediano
- Aductor menor
- Isquiotibiales*
- Pectíneo
- Recto interno

*Este músculo no está dibujado.

DESCRIPCIÓN DEL MOVIMIENTO
1 Siéntate en el suelo.
2 Separa y estira las piernas.
3 Apoya las manos en el suelo.
4 Mantén las curvaturas de la espalda.

MÉTODO DE ESTIRAMIENTO
1 Estiramiento estático.

Otros ejercicios utilizados para estirar los mismos músculos

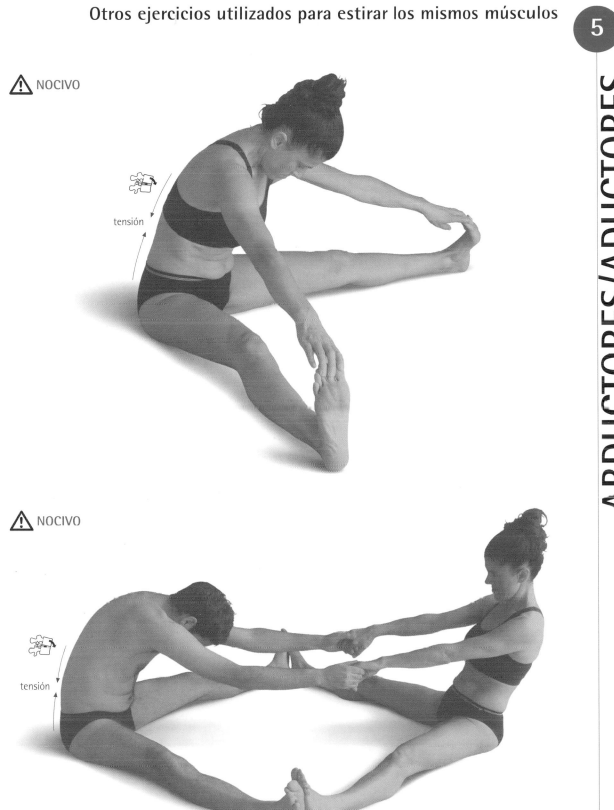

⚠ NOCIVO

tensión

⚠ NOCIVO

tensión

ABDUCTORES/ADUCTORES

Al no mantener la columna vertebral sus curvaturas anatómicas estando en situación de carga, resultan **nocivos**.

Piernas extendidas con apoyo en pared

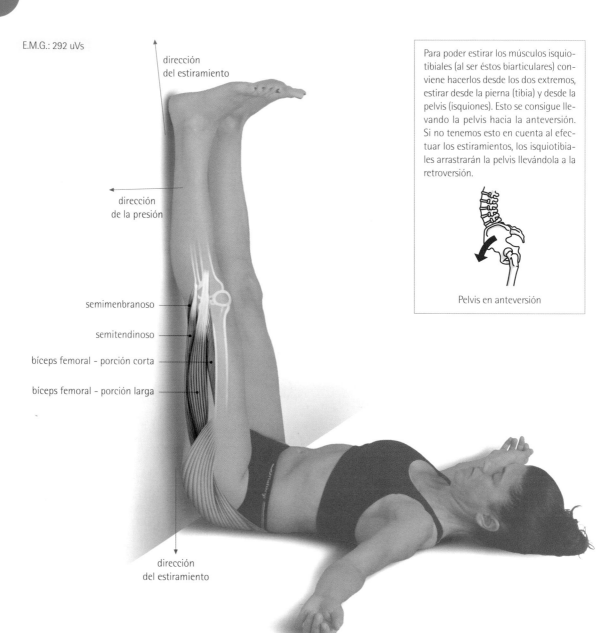

E.M.G.: 292 uVs

dirección
del estiramiento

dirección
de la presión

semimenbranoso

semitendinoso

bíceps femoral - porción corta

bíceps femoral - porción larga

dirección
del estiramiento

Para poder estirar los músculos isquiotibiales (al ser éstos biarticulares) conviene hacerlos desde los dos extremos,
estirar desde la pierna (tibia) y desde la
pelvis (isquiones). Esto se consigue llevando la pelvis hacia la anteversión.
Si no tenemos esto en cuenta al efectuar los estiramientos, los isquiotibiales arrastrarán la pelvis llevándola a la
retroversión.

Pelvis en anteversión

PRINCIPALES MÚSCULOS ESTIRADOS

- ◗ Bíceps femoral
- ◗ Semimembranoso
- ◗ Semitendinoso

DESCRIPCIÓN DEL MOVIMIENTO

❶ Túmbate en el suelo, cerca de una pared, boca arriba.
❷ Apoya las piernas extendidas verticalmente en la pared.

MÉTODO DE ESTIRAMIENTO

1 Estiramiento estático.
2 Estiramiento estático + Contracción agonista (presiona con las piernas la pared).

OBSERVACIONES

Mantén el sacro en contacto con el suelo (anteversión de pelvis), de lo contrario no habrá un buen estiramiento de isquiotibiales.

Otros ejercicios utilizados para estirar los mismos músculos

⚠ NOCIVO

Al no mantener la columna vertebral sus curvaturas anatómicas estando en situación de carga, resulta **nocivo**.

Piernas extendidas sujetadas con una banda

2

ISQUIOTIBIALES

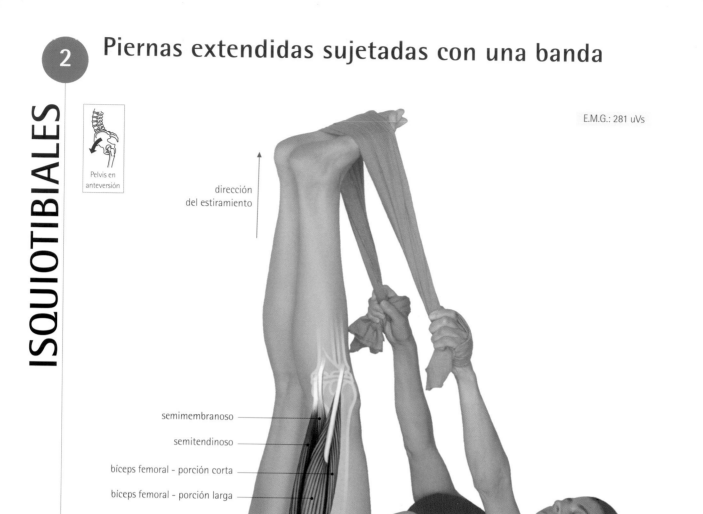

Pelvis en
anteversión

E.M.G.: 281 uVs

dirección
del estiramiento

semimembranoso

semitendinoso

bíceps femoral - porción corta

bíceps femoral - porción larga

dirección
del estiramiento

PRINCIPALES MÚSCULOS ESTIRADOS

- Bíceps femoral
- Gemelos*
- Semimembranoso
- Semitendinoso

*Este músculo no está dibujado.

DESCRIPCIÓN DEL MOVIMIENTO

❶ Túmbate en el suelo.
❷ Extiende las piernas, sostenlas con la ayuda de una banda y mantén la posición al notar el estiramiento.

MÉTODO DE ESTIRAMIENTO

1 Estiramiento estático.

OBSERVACIONES

Mantén el sacro en contacto con el suelo (anteversión de pelvis).

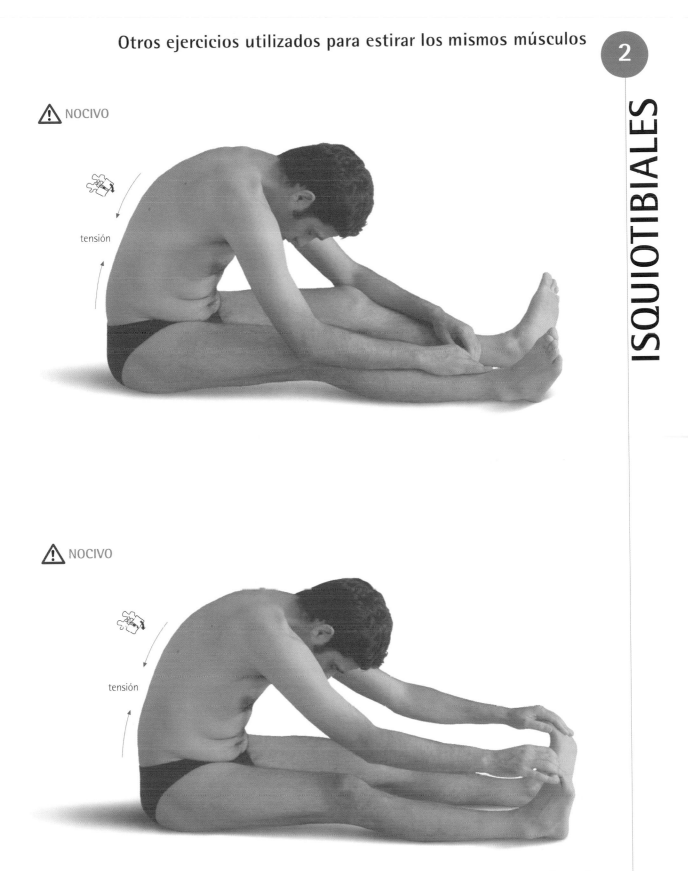

⚠ NOCIVO

tensión

⚠ NOCIVO

tensión

Al no mantener la columna vertebral sus curvaturas anatómicas estando en situación de carga, resulta **nocivo**.

ISQUIOTIBIALES

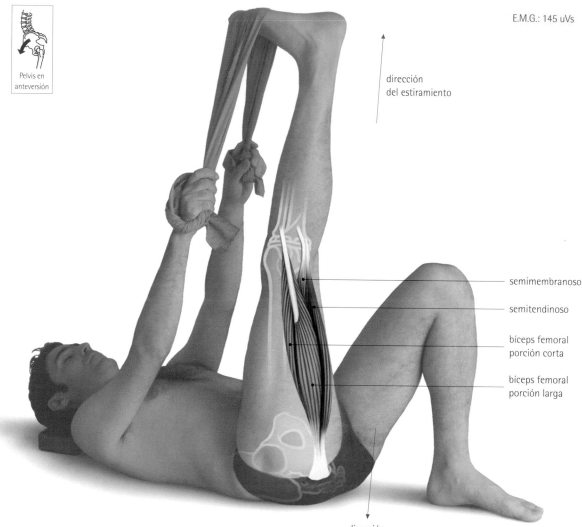

Pelvis en
anteversión

E.M.G.: 145 uVs

dirección
del estiramiento

semimembranoso

semitendinoso

bíceps femoral
porción corta

bíceps femoral
porción larga

dirección
del estiramiento

PRINCIPALES MÚSCULOS ESTIRADOS

- ▶ Bíceps femoral
- ▶ Gemelos*
- ▶ Semimembranoso
- ▶ Semitendinoso

*Este músculo no está dibujado.

DESCRIPCIÓN DEL MOVIMIENTO

❶ Túmbate en el suelo.
❷ Estira y eleva una pierna.
❸ Mantén la posición con la ayuda de una banda.

MÉTODO DE ESTIRAMIENTO

1 Estiramiento estático.

OBSERVACIONES

Mantén el sacro en contacto con el suelo (pelvis en anteversión).

Otros ejercicios utilizados para estirar los mismos músculos

⚠ NOCIVO

⚠ NOCIVO

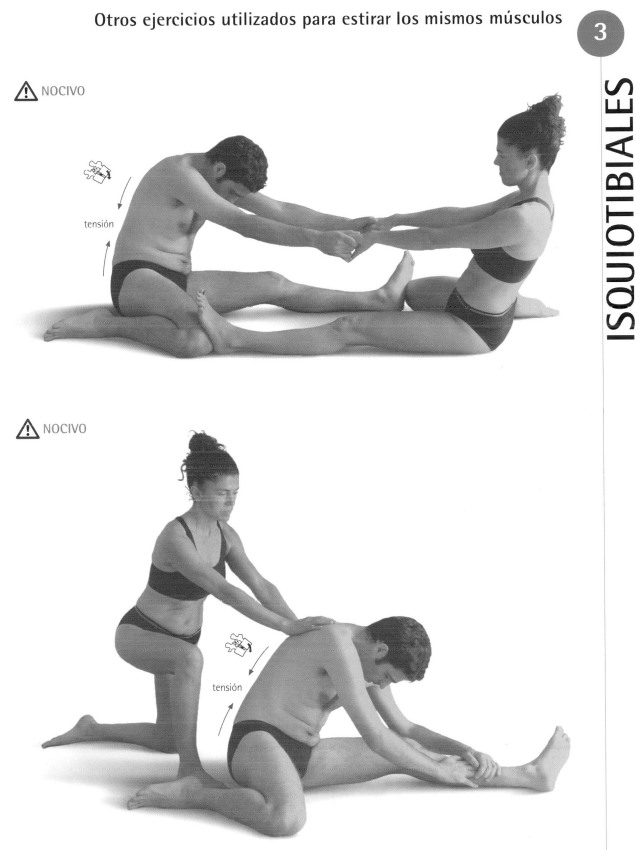

Al no mantener la columna vertebral sus curvaturas anatómicas estando en situación de carga, resulta **nocivo**.

4 Extensión de pierna con apoyo en pared

Pelvis en
anteversión

E.M.G.: 144 uVs

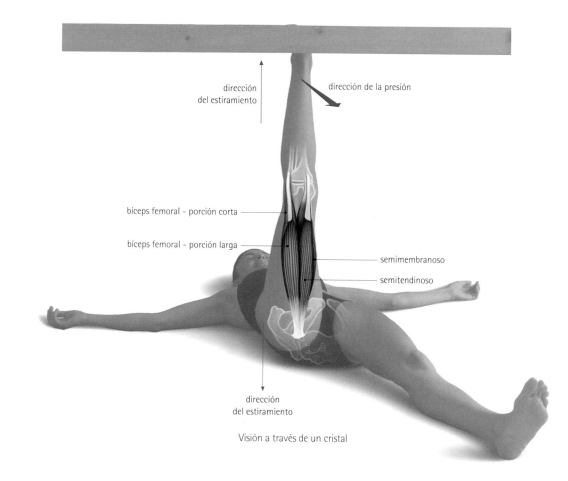

dirección
del estiramiento

dirección de la presión

bíceps femoral - porción corta

bíceps femoral - porción larga

semimembranoso

semitendinoso

dirección
del estiramiento

Visión a través de un cristal

PRINCIPALES MÚSCULOS ESTIRADOS

- ▶ Bíceps femoral
- ▶ Semimembranoso
- ▶ Semitendinoso

DESCRIPCIÓN DEL MOVIMIENTO

❶ Estírate en el suelo boca arriba.
❷ Extiende una pierna y apóyala en un soporte (barra, pared, etc.).
❸ Mantén la otra pierna extendida en el suelo.

MÉTODO DE ESTIRAMIENTO

❶ Estiramiento estático.
❷ Estiramiento estático + Contracción agonista (presiona con la pierna el soporte).

OBSERVACIONES

Mantén el sacro en contacto con el suelo (pelvis en anteversión).

Otros ejercicios utilizados para estirar los mismos músculos

⚠ NOCIVO

→← CONTRADICTORIO

tensión

tensión

E.M.G.: 1658 uVs

⚠ NOCIVO

→← CONTRADICTORIO

tensión

tensión

E.M.G.: 1214 uVs

Al no mantener la columna vertebral sus curvaturas anatómicas estando en situación de carga, resultan **nocivos**. Al estar de pie, los músculos que pretendemos estirar se contraen para mantener el equilibrio y por ello resultan **contradictorios**.

Extensión de piernas con apoyo de brazos

ISQUIOTIBIALES

Pelvis en anteversión

E.M.G.: 386 uVs

dirección del estiramiento

bíceps femoral porción larga

bíceps femoral porción corta

semitendinoso

semimembranoso

dirección del estiramiento

PRINCIPALES MÚSCULOS ESTIRADOS

- ◗ Bíceps femoral
- ◗ Gemelos*
- ◗ Semimembranoso
- ◗ Semitendinoso

*Este músculo no está dibujado.

DESCRIPCIÓN DEL MOVIMIENTO

➊ Colócate de pie y con las piernas estiradas.
➋ Flexiona el tronco y apoya los brazos en una mesa o superfície horizontal.
➌ Extiende las rodillas y pon la pelvis en anteversión.

MÉTODO DE ESTIRAMIENTO

1 Estiramiento estático.

OBSERVACIONES

La inclinación dependerá de la longitud de los isquiotibiales. Detén la flexión del tronco al sentir el estiramiento.

Otros ejercicios utilizados para estirar los mismos músculos

⚠ NOCIVO

→← CONTRADICTORIO

E.M.G.: 2346 uVs

tensión

tensión

Al no mantener la columna vertebral sus curvaturas anatómicas estando en situación de carga, resulta **nocivo**.

Al salir del eje vertical (el tronco, la cabeza y los brazos), si no hay apoyo compensatorio los músculos que pretendemos estirar se contraen y por ello resulta **contradictorio** y no resulta nocivo por que la columna vertebral mantiene sus curvaturas.

E.M.G.: 428 uVs

✓ CORRECTO

En esta posición, los músculos se elongan permitiendo el estiramiento **correcto**.

Sentado sobre los talones

CUADRICEPS

E.M.G.: 219 uVs

Para poder estirar el recto femoral del cuádriceps (al ser éste biarticular) conviene hacerlo desde los dos extremos, estirar desde la pierna (tibia) y desde la pelvis (cresta ilíaca). Esto se consigue llevando la pelvis hacia atrás (retroversión). Si no tenemos esto en cuenta al efectuar los estiramientos, el recto femoral arrastrará la pelvis llevándola a la anteversión.

Pelvis en retroversión

dirección
del estiramiento

cuádriceps - recto femoral

cuádriceps - vasto interno

cuádriceps - vasto externo

dirección
de la presión

PRINCIPALES MÚSCULOS ESTIRADOS

- ❯ Extensor corto de los dedos*
- ❯ Extensor largo de los dedos*
- ❯ Extensor largo del dedo gordo*
- ❯ Flexores dorsales del tobillo*
- ❯ Peroneo anterior*
- ❯ Recto femoral
- ❯ Tibial anterior*
- ❯ Vasto externo
- ❯ Vasto intermedio
- ❯ Vasto interno

DESCRIPCIÓN DEL MOVIMIENTO

❶ Siéntate sobre los talones con las piernas flexionadas.

MÉTODO DE ESTIRAMIENTO

1 Estiramiento estático.
2 Estiramiento estático + Contracción agonista (presiona con las piernas hacia el suelo).

*Estos músculos no están dibujados.

Otros ejercicios utilizados para estirar los mismos músculos

→← CONTRADICTORIO

E.M.G.: 1123 uVs

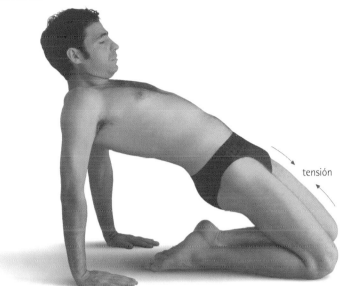

tensión

Al elevar la pelvis, los músculos que pretendemos estirar se contraen y por ello resulta **contradictorio**.

→← CONTRADICTORIO

E.M.G.: 1546 uVs

tensión

Al salir del eje vertical (el tronco, la cabeza y los brazos), si no hay apoyo compensatorio los músculos que pretendemos estirar se contraen y por ello resulta **contradictorio**.

2

Flexión de la pierna hacia atrás

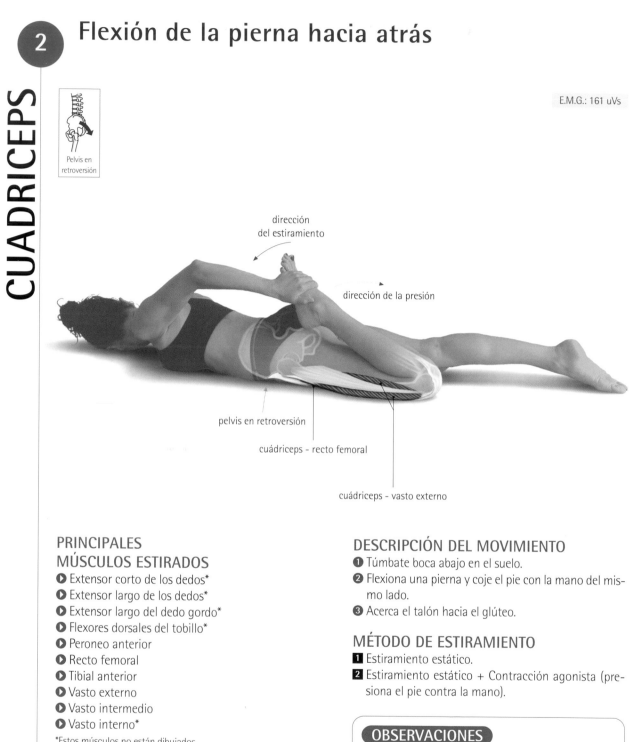

Pelvis en retroversión

E.M.G.: 161 uVs

dirección
del estiramiento

dirección de la presión

pelvis en retroversión

cuádriceps - recto femoral

cuádriceps - vasto externo

PRINCIPALES MÚSCULOS ESTIRADOS

- ❿ Extensor corto de los dedos*
- ❿ Extensor largo de los dedos*
- ❿ Extensor largo del dedo gordo*
- ❿ Flexores dorsales del tobillo*
- ❿ Peroneo anterior
- ❿ Recto femoral
- ❿ Tibial anterior
- ❿ Vasto externo
- ❿ Vasto intermedio
- ❿ Vasto interno*

*Estos músculos no están dibujados.

DESCRIPCIÓN DEL MOVIMIENTO

❶ Túmbate boca abajo en el suelo.
❷ Flexiona una pierna y coje el pie con la mano del mismo lado.
❸ Acerca el talón hacia el glúteo.

MÉTODO DE ESTIRAMIENTO

▪ Estiramiento estático.
▪ Estiramiento estático + Contracción agonista (presiona el pie contra la mano).

OBSERVACIONES

Coloca la pelvis en retroversión.

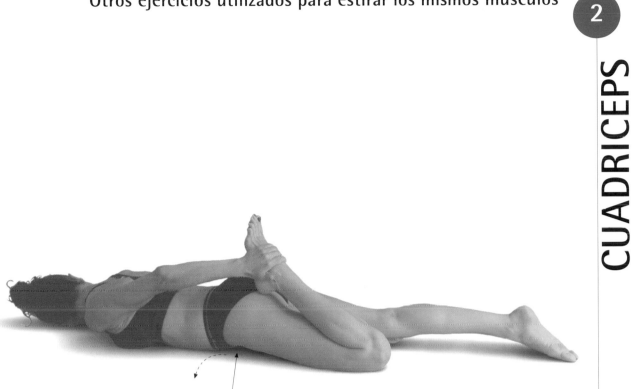

pelvis en anteversión

Este estiramiento no es contradictorio ni nocivo, pero es **incorrecto**: al estar la pelvis en anteversión no hay estiramiento del recto anterior.

Para poder estirar el recto femoral del cuádriceps (al ser éste biarticular) conviene hacerlo desde los dos extremos, estirar desde la pierna (tibia) y desde la pelvis (cresta ilíaca). Esto se consigue llevando la pelvis hacia atrás (retroversión). Si no tenemos esto en cuenta al efectuar los estiramientos, el recto femoral arrastrará la pelvis llevándola a la anteversión, como en la imagen superior.

3 Flexión de la pierna de pie

CUADRICEPS

Pelvis en retroversión

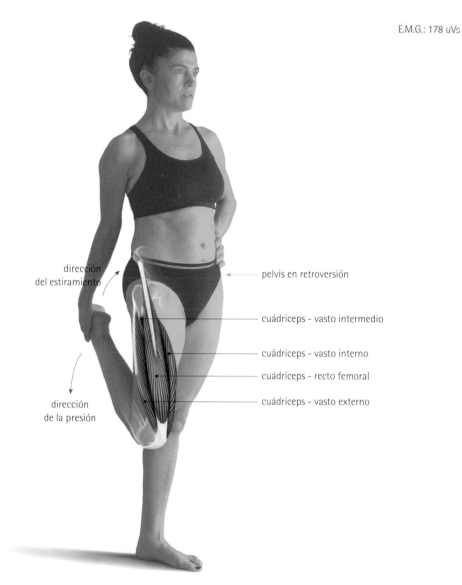

E.M.G.: 178 uVs

dirección del estiramiento

pelvis en retroversión

cuádriceps - vasto intermedio

cuádriceps - vasto interno

cuádriceps - recto femoral

dirección de la presión

cuádriceps - vasto externo

PRINCIPALES MÚSCULOS ESTIRADOS

- ❯ Extensor corto de los dedos*
- ❯ Extensor largo de los dedos*
- ❯ Extensor largo del dedo gordo*
- ❯ Flexores dorsales del tobillo*
- ❯ Peroneo anterior*
- ❯ Recto femoral
- ❯ Tibial anterior*
- ❯ Vasto externo
- ❯ Vasto intermedio
- ❯ Vasto interno

*Estos músculos no están dibujados.

DESCRIPCIÓN DEL MOVIMIENTO

❶ De pie, flexiona una pierna y coje el pie con la mano del mismo lado.

❷ Acerca el talón hacia el glúteo.

MÉTODO DE ESTIRAMIENTO

1 Estiramiento estático.

2 Estiramiento estático + Contracción agonista (presiona pie contra la mano).

OBSERVACIONES

Pon la pelvis en retroversión.

pelvis en anteversión

Este estiramiento no es contradictorio ni nocivo, pero es **incorrecto**: al estar la pelvis en anteversión no hay estiramiento del recto anterior.

Para poder estirar el recto femoral del cuádriceps (al ser éste biarticular) conviene hacerlo desde los dos extremos, estirar desde la pierna (tibia) y desde la pelvis (cresta ilíaca). Esto se consigue llevando la pelvis hacia atrás (retroversión). Si no tenemos esto en cuenta al efectuar los estiramientos, el recto femoral arrastrará la pelvis llevándola a la anteversión, como en la imagen superior.

4

Flexión de la pierna con apoyo

E.M.G.: 178 uVs

Pelvis en retroversión

pelvis en retroversión

cuádriceps - vasto intermedio

cuádriceps - vasto externo

cuádriceps - recto femoral

cuádriceps - vasto interno

dirección de la presión

dirección del estiramiento

PRINCIPALES MÚSCULOS ESTIRADOS
- ❯ Recto femoral
- ❯ Vasto externo
- ❯ Vasto intermedio
- ❯ Vasto interno

DESCRIPCIÓN DEL MOVIMIENTO
❶ De pie, flexiona una pierna y apoya el pie en un soporte, barra, silla, etc., acercando el talón al glúteo.

MÉTODO DE ESTIRAMIENTO
1 Estiramiento estático.
2 Estiramiento estático + Contracción agonista (presionar el pie contra el soporte).

OBSERVACIONES
Pon la pelvis en retroversión.

→← CONTRADICTORIO

E.M.G.: 1453 uVs

CUADRICEPS

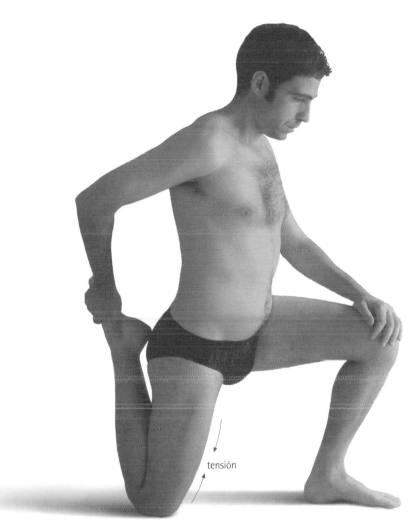

tensión

En esta postura, los músculos que pretendemos estirar se contraen para mantener el equilibrio y por ello resulta **contradictorio**.

Flexión de la pierna sobre el costado

CUADRICEPS

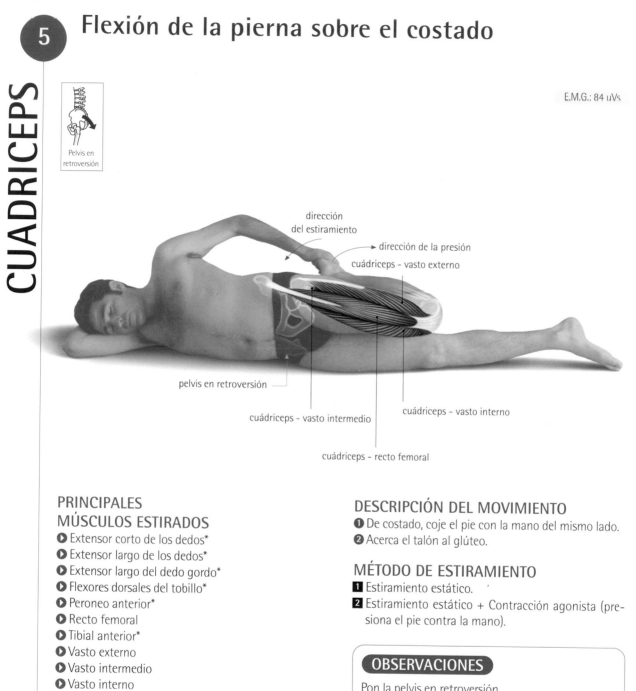

Pelvis en retroversión

E.M.G.: 84 uVs

dirección del estiramiento

dirección de la presión

cuádriceps - vasto externo

pelvis en retroversión

cuádriceps - vasto intermedio

cuádriceps - vasto interno

cuádriceps - recto femoral

PRINCIPALES MÚSCULOS ESTIRADOS

- Extensor corto de los dedos*
- Extensor largo de los dedos*
- Extensor largo del dedo gordo*
- Flexores dorsales del tobillo*
- Peroneo anterior*
- Recto femoral
- Tibial anterior*
- Vasto externo
- Vasto intermedio
- Vasto interno

*Estos músculos no están dibujados.

DESCRIPCIÓN DEL MOVIMIENTO

❶ De costado, coje el pie con la mano del mismo lado.
❷ Acerca el talón al glúteo.

MÉTODO DE ESTIRAMIENTO

1 Estiramiento estático.
2 Estiramiento estático + Contracción agonista (presiona el pie contra la mano).

OBSERVACIONES

Pon la pelvis en retroversión.

6

E.M.G.: 67 uVs

Pelvis en retroversión

1

2

3

dirección del estiramiento

pelvis en retroversión

cuádriceps - recto intermedio
cuádriceps - recto externo
cuádriceps - recto femoral
cuádriceps - recto interno

dirección de la presión

PRINCIPALES MÚSCULOS ESTIRADOS

- Extensor corto de los dedos*
- Extensor largo de los dedos*
- Extensor largo del dedo gordo*
- Flexores dorsales del tobillo*
- Peroneo anterior*
- Recto femoral
- Tibial anterior*
- Vasto externo
- Vasto intermedio
- Vasto interno

*Estos músculos no están dibujados.

DESCRIPCIÓN DEL MOVIMIENTO

1 Siéntate en el suelo, flexiona una pierna y coloca el pie al lado de la cadera.

2 Acerca el glúteo de la pierna flexionada al suelo.

3 Progresivamente, pasa de posición 1 a la 2 y a la 3.

MÉTODO DE ESTIRAMIENTO

1 Estiramiento estático.

2 Estiramiento estático + Contracción agonista (presiona con la pierna hacia el suelo).

OBSERVACIONES

Pon la pelvis en retroversión.

115

Extensión de rodilla con pierna atrasada

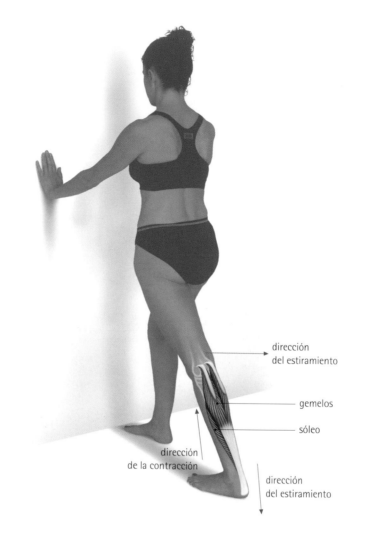

E.M.G.: 189 uVs

dirección
del estiramiento

gemelos

sóleo

dirección
de la contracción

dirección
del estiramiento

PRINCIPALES MÚSCULOS ESTIRADOS

▶ Gemelos
▶ Sóleo

Músculos secundarios
▶ Abductor del quinto dedo
▶ Plantar delgado
▶ Peroneo lateral corto
▶ Peroneo lateral largo

DESCRIPCIÓN DEL MOVIMIENTO

❶ Colócate de pie frente a una pared, apoya las palmas de las manos en ésta.
❷ Da un paso hacia atrás con un pie manteniendo la rodilla extendida.

MÉTODO DE ESTIRAMIENTO

1 Estiramiento estático.
3 Estiramiento estático + Contracción antagonista (intenta levantar los dedos y la parte delantera del pie posterior).

OBSERVACIONES

Mantén el talón del pie en contacto con el suelo.
Coloca el pie hacia delante.

116

Flexión de rodilla con pierna atrasada

2

E.M.G.: 291 uVs

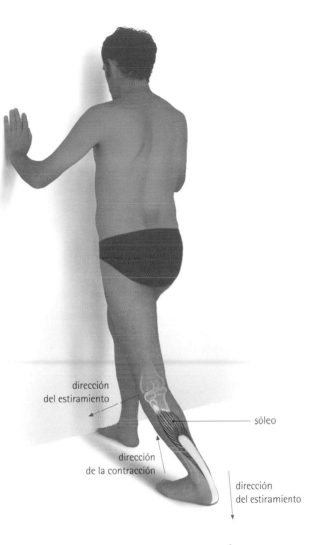

dirección
del estiramiento

sóleo

dirección
de la contracción

dirección
del estiramiento

PRINCIPALES MÚSCULOS ESTIRADOS
- Sóleo

Músculos secundarios
- Abductor del quinto dedo
- Peroneo lateral corto
- Peroneo lateral largo
- Plantar delgado

DESCRIPCIÓN DEL MOVIMIENTO
1. Colócate de pie frente a una pared, apoya las palmas de las manos en ésta.
2. Da un paso hacia atrás con un pie y flexiona esta rodilla.

MÉTODO DE ESTIRAMIENTO
1. Estiramiento estático.
3. Estiramiento estático + Contracción antagonista (intenta levantar los dedos y la parte delantera del pie posterior).

OBSERVACIONES

Mantén el talón del pie en contacto con el suelo.
Coloca el pie hacia delante.

117

3 # Tracción de la punta del pie con banda

E.M.G.: 264 uVs

dirección
de la presión

dirección
del estiramiento

sóleo

gemelos

dirección
del estiramiento

PRINCIPALES
MÚSCULOS ESTIRADOS
- Gemelos
- Isquiotibiales*
- Sóleo

*Este músculo no está dibujado.

Músculos secundarios
- Abductor del quinto dedo
- Peroneo lateral corto
- Peroneo lateral largo
- Plantar delgado

DESCRIPCIÓN DEL MOVIMIENTO
1. Túmbate en el suelo con una pierna estirada en dirección al techo.
2. Sostiene con una banda en la parte delantera.

MÉTODO DE ESTIRAMIENTO
1. Estiramiento estático.
2. Estiramiento estático + Contracción agonista (presiona con el pie contra la tela).

OBSERVACIONES
El sacro está en contacto con el suelo.

Otros ejercicios utilizados para estirar los mismos músculos

→← CONTRADICTORIO

E.M.G.: 3467 uVs

tensión

Al salir del eje vertical (el tronco, la cabeza y los brazos), si no hay apoyo compensatorio los músculos que pretendemos estirar se contraen y por ello resulta **contradictorio**.

4

Flexión de la pierna sobre el pie

E.M.G.: 148 uVs

sóleo

dirección
del estiramiento

dirección
de la contracción

PRINCIPALES
MÚSCULOS ESTIRADOS
▶ Sóleo

Músculos secundarios
▶ Abductor del quinto dedo
▶ Peroneo lateral corto
▶ Peroneo lateral largo
▶ Plantar delgado

DESCRIPCIÓN DEL MOVIMIENTO
❶ Siéntate sobre una pierna flexionada en el suelo.
❷ Levanta la otra pierna, apoya la planta del pie en el suelo y flexiona la rodilla hacia delante sin levantar el talón del suelo.
❸ Apoya los dedos o las manos en el suelo.

MÉTODO DE ESTIRAMIENTO
1 Estiramiento estático.
3 Estiramiento estático + Contracción antagonista (intenta levantar los dedos y la parte delantera del pie).

OBSERVACIONES

Mantén el pie y la rodilla en el mismo eje.

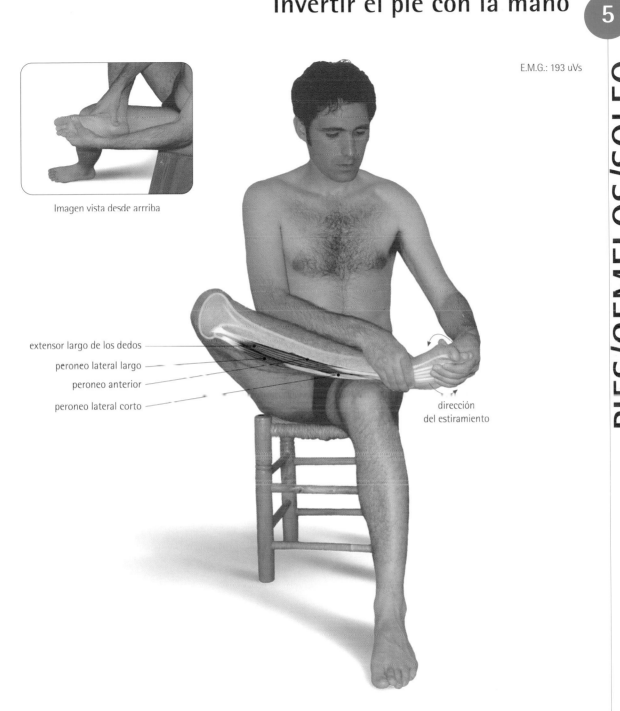

E.M.G.: 193 uVs

Imagen vista desde arrriba

extensor largo de los dedos

peroneo lateral largo

peroneo anterior

peroneo lateral corto

dirección
del estiramiento

PRINCIPALES
MÚSCULOS ESTIRADOS

Eversores del pie
- Extensor largo de los dedos
- Peroneo anterior
- Peroneo lateral corto
- Peroneo lateral largo

DESCRIPCIÓN DEL MOVIMIENTO
1. Siéntate y cruza una pierna sobre la otra.
2. Sostén la pierna de encima con una mano.
3. Con la otra mano, gira la planta del pie hacia arriba (inversión).

MÉTODO DE ESTIRAMIENTO
1. Estiramiento estático.

121

Sentado sobre los talones, levantar rodilla

E.M.G.: 207 uVs

extensor largo
de los dedos

extensor largo
del dedo gordo

peroneo anterior

dirección
del estiramiento

dirección
del estiramiento

dirección de
la contracción

extensor corto de los dedos

PRINCIPALES
MÚSCULOS ESTIRADOS

Flexores dorsales del tobillo
- ▶ Extensor corto de los dedos
- ▶ Extensor largo de los dedos
- ▶ Extensor largo del dedo gordo
- ▶ Peroneo anterior
- ▶ Tibial anterior

Extensores de los dedos
- ▶ Abductor del dedo gordo
- ▶ Extensor corto dedo gordo

DESCRIPCIÓN DEL MOVIMIENTO
❶ Sentado con las piernas flexionadas sobre los talones.
❷ Elevar una rodilla del suelo.

MÉTODO DE ESTIRAMIENTO
1 Estiramiento estático.
3 Estiramiento estático + Contracción antagonista (intentar flexionar los dedos del pie).

→← CONTRADICTORIO

E.M.G.: 727 uVs

tensión

Al estar de pie, los músculos que pretendemos estirar se contraen para mantener el equilibrio y por ello resulta **contradictorio**.

Extensión de los dedos del pie con la mano

E.M.G.: 188 uVs

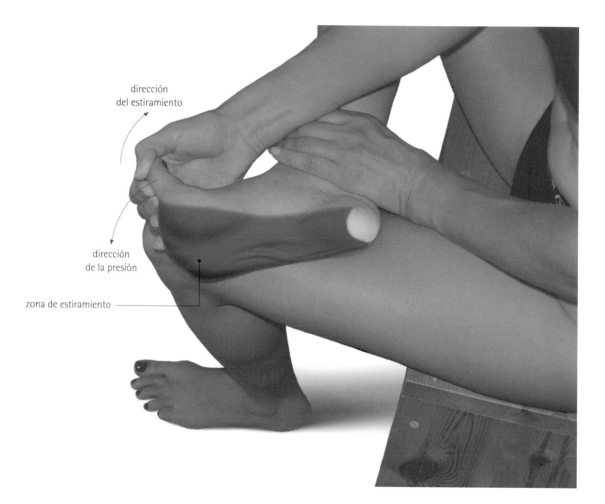

dirección
del estiramiento

dirección
de la presión

zona de estiramiento

PRINCIPALES MÚSCULOS ESTIRADOS

Flexores plantares de los dedos
- Abductor del quinto dedo
- Abductor del dedo gordo
- Cuadrado plantar
- Flexor corto del quinto dedo
- Flexor corto del dedo gordo
- Flexor corto de los dedos
- Interóseos plantares
- Lumbricales

DESCRIPCIÓN DEL MOVIMIENTO

❶ Siéntate y cruza una pierna sobre la otra apoyando el pie sobre el muslo.
❷ Coge los dedos del pie con la mano y extiéndelos.

MÉTODO DE ESTIRAMIENTO

1 Estiramiento estático.
2 Estiramiento estático + Contracción agonista (presiona los dedos del pie contra los dedos de la mano).

Otros ejercicios utilizados para estirar los mismos músculos

→← CONTRADICTORIO

E.M.G.: 727 uVs

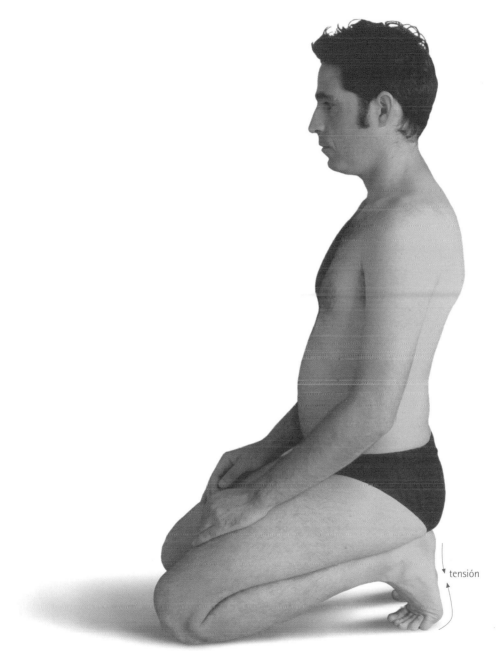

tensión

En esta postura, los músculos que pretendemos estirar se contraen para mantener el equilibrio y por ello resulta **contradictorio**.

Pie en el suelo, separar rodilla

E.M.G.: 62 uVs

dirección del estiramiento

Imagen vista desde arrriba

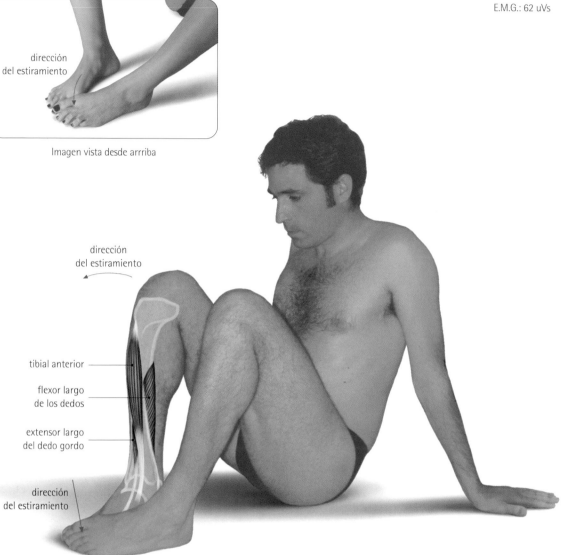

dirección del estiramiento

tibial anterior

flexor largo de los dedos

extensor largo del dedo gordo

dirección del estiramiento

PRINCIPALES MÚSCULOS ESTIRADOS

Inversores del pie
- Extensor largo del dedo gordo
- Flexor largo de los dedos
- Flexor largo del dedo gordo
- Tibial anterior
- Tibial posterior

DESCRIPCIÓN DEL MOVIMIENTO
❶ Siéntate con las plantas de los pies en el suelo.
❷ Presiona el pie izquierdo sobre el derecho y abre la pierna derecha desde la rodilla (eversión).

MÉTODO DE ESTIRAMIENTO
1 Estiramiento estático.

OBSERVACIONES
No levantes el dedo gordo del suelo.

Flexión de una pierna sobre el cuerpo, y extensión de la otra

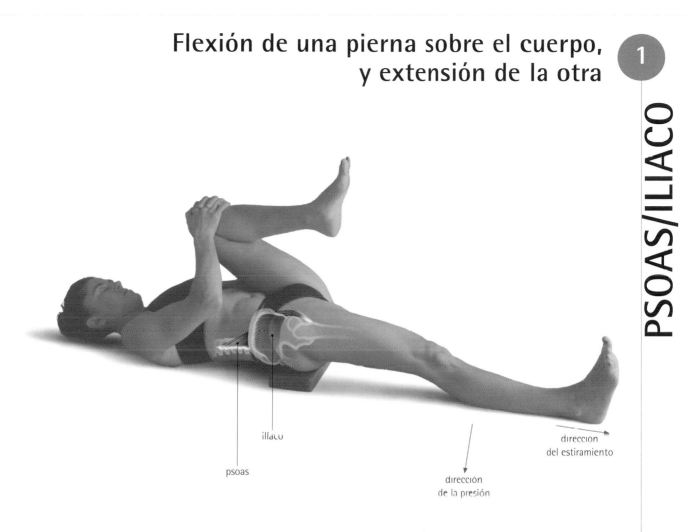

iliaco

psoas

dirección
del estiramiento

dirección
de la presión

PRINCIPALES
MÚSCULOS ESTIRADOS
- ◉ Ilíaco
- ◉ Psoas

Músculos secundarios
- ◉ Aductor largo, corto y mayor
- ◉ Glúteo menor y mediano anterior
- ◉ Pectíneo
- ◉ Recto anterior
- ◉ Sartorio
- ◉ Tensor de la fascia lata

DESCRIPCIÓN DEL MOVIMIENTO
1. Túmbate en el suelo y coloca un libro o un taco de madera debajo de la pelvis (sacro).
2. Flexiona una pierna, acércala al tórax cogiéndola con las dos manos.
3. Extiende y estira la otra pierna en el suelo.

MÉTODO DE ESTIRAMIENTO
1. Estiramiento estático.
2. Estiramiento estático + Contracción antagonista (presiona con la pierna extendida y estirada hacia el suelo).

OBSERVACIONES
No separes la pierna del tórax.
No sirve un cojín.

Hipótesis: La clasificación de este ejercicio sobre el psoas y el ilíaco sigue la lógica expuesta en este libro. La ubicación profunda de estos músculos hace que la E.M.G. no pueda captar de forma válida y fiable la señal de tensión, por lo que no hay la valoración en uVs.

2

Paso hacia delante con apoyo de manos

psoas

ilíaco

dirección
del estiramiento

dirección
de la presión

PRINCIPALES
MÚSCULOS ESTIRADOS

▶ Ilíaco
▶ Psoas

Músculos secundarios

▶ Aductor largo, corto y mayor
▶ Glúteo menor y mediano anterior
▶ Pectíneo
▶ Recto anterior
▶ Sartorio
▶ Tensor de la fascia lata

DESCRIPCIÓN DEL MOVIMIENTO

❶ Flexiona una pierna apoyando las manos en el suelo.
❷ Estira la otra pierna hacia atrás.

MÉTODO DE ESTIRAMIENTO

1 Estiramiento estático.
2 Estiramiento estático + Contracción agonista (presiona con la pierna hacia el suelo).

OBSERVACIONES

Abre el pecho y mira hacia delante.

ℹ Hipótesis: La clasificación de este ejercicio sobre el psoas y el ilíaco sigue la lógica expuesta en este libro. La ubicación profunda de estos músculos hace que la E.M.G. no pueda captar de forma válida y fiable la señal de tensión, por lo que no hay la valoración en uVs.

→← CONTRADICTORIO

tensión

En esta postura, los músculos que pretendemos estirar se contraen para mantener el equilibrio y por ello resulta **contradictorio**.

ℹ Hipótesis: La clasificación de este ejercicio sobre el psoas y el ilíaco sigue la lógica expuesta en este libro. La ubicación profunda de estos músculos hace que la E.M.G. no pueda captar de forma válida y fiable la señal de tensión, por lo que no hay la valoración en uVs.

Inclinación lateral del tronco

E.M.G.: 217 uVs

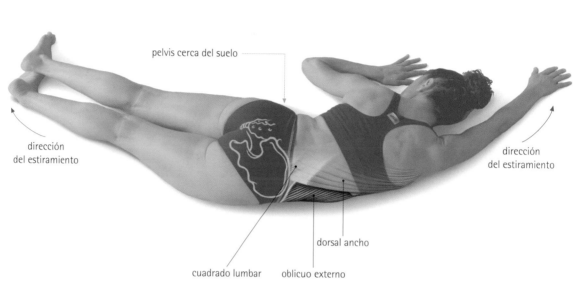

pelvis cerca del suelo

dirección del estiramiento

dirección del estiramiento

dorsal ancho

cuadrado lumbar

oblicuo externo

PRINCIPALES MÚSCULOS ESTIRADOS

◗ Oblicuo externo
◗ Oblicuo interno*

*Este músculos no está dibujado.

Músculos secundarios

◗ Cuadrado lumbar
◗ Dorsal ancho
◗ Erectores espinales del lado estirado*

*Este músculo no está dibujado.

DESCRIPCIÓN DEL MOVIMIENTO

❶ Túmbate boca abajo (tendido prono).
❷ Inclínate lateralmente, abre el espacio entre el tórax y la pelvis del lado estirado.

MÉTODO DE ESTIRAMIENTO

1 Estiramiento estático.

OBSERVACIONES

La pelvis del lado cerrado permanece cerca del suelo.

Otros ejercicios utilizados para estirar los mismos músculos

⚠ NOCIVO

→← CONTRADICTORIO

E.M.G.: 1168 uVs

tensión

Al salir del eje vertical (el tronco, la cabeza y los brazos), si no hay apoyo compensatorio los músculos que preten-demos estirar se contraen y por ello resulta **contradictorio**. Al no mantener la columna vertebral sus curvaturas anatómicas estando en situación de carga, resulta **nocivo**.

Elevación del tronco

En esta imagen la elevación del tronco se ha exagerado para poder dibujar la musculatura implicada.

E.M.G.: 431 uVs

dirección
del estiramiento

recto mayor

oblicuo externo

dirección
del estiramiento

PRINCIPALES MÚSCULOS ESTIRADOS

- ● Oblicuo externo
- ● Oblicuo interno*
- ● Recto mayor

*Este músculo no está dibujado.

DESCRIPCIÓN DEL MOVIMIENTO

❶ Tiéndete en el suelo (tendido prono).
❷ Eleva el tronco con la ayuda de los brazos.
❸ Mantén las piernas estiradas.

MÉTODO DE ESTIRAMIENTO

❶ Estiramiento estático.

OBSERVACIONES

Eleva el tronco apoyándote sobre los antebrazos, manteniendo la pelvis en el suelo.

Otros ejercicios utilizados para estirar los mismos músculos

→← CONTRADICTORIO

E.M.G.: 1168 uVs

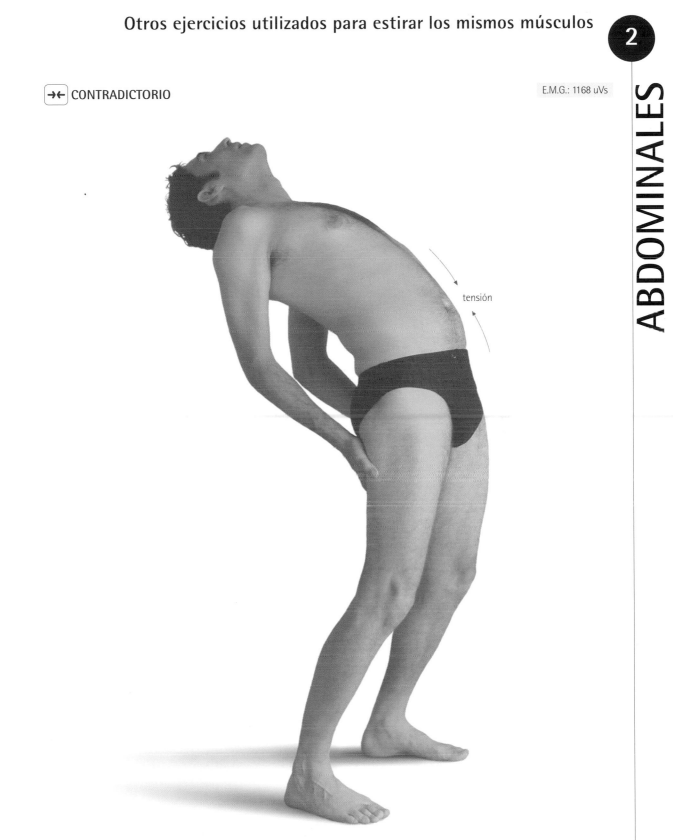

tensión

Al salir del eje vertical (el tronco, la cabeza y los brazos), si no hay apoyo compensatorio los músculos que pretendemos estirar se contraen y por ello resulta **contradictorio**.

Torsión de la pelvis sobre el tronco

E.M.G.: 385 uVs

dirección
de la presión

dirección
del estiramiento

oblicuo externo

PRINCIPALES
MÚSCULOS ESTIRADOS
▶ Oblicuo externo
▶ Oblicuo interno*

*Este músculo no está dibujado.

DESCRIPCIÓN DEL MOVIMIENTO
❶ Túmbate en el suelo (tendido supino), con los brazos en cruz.
❷ Lleva una pierna hacia el lado contrario, torsionando el tronco.
❸ Mantén la torsión del tronco colocando la mano del lado opuesto encima de la rodilla de la pierna desplazada.

MÉTODO DE ESTIRAMIENTO
1 Estiramiento estático.
2 Estiramiento estático + Contracción agonista (presiona la pierna desplazada contra la mano).

Cómo realizar los estiramientos correctamente

Si deseas hacer un mantenimiento de la flexibilidad general, escoge un estiramiento correcto para cada parte del cuerpo y realízalo un día a la semana. Puedes ir variando los estiramientos y viendo con cuáles te sientes más a gusto. Si realizar diez o doce estiramientos en una sola sesión es demasiado para ti, sugiero que, dependiendo del tiempo de que dispongas y de tu propio ritmo de ejecución, dividas los estiramientos y los hagas en dos o tres sesiones.

Si quieres alargar un músculo en particular que sabes por propio conocimiento o porque has descubierto con las posturas que lo tienes acortado, escoge un ejercicio específico para éste. Hazlo tres días a la semana, mejor en días alternos, hasta que consigas la longitud funcional necesaria del músculo en cuestión. Después, con un día a la semana será suficiente para mantenerlo debidamente alargado.

Ejemplo de una sesión de estiramiento correcto

A continuación, para ilustrar el proceso, voy a acompañarte en el estiramiento del cuádriceps, concretamente en el de flexión de la pierna hacia atrás (página 108).

Ponte ropa cómoda. Quítate los zapatos. Escoge un espacio tranquilo, con una temperatura adecuada para ti. Coloca una colchoneta en el suelo (alfombra, manta, etc.) para amortiguar algo tu contacto con éste.

Túmbate encima de la colchoneta boca arriba (tendido supino).

Tómate el tiempo que necesites para notar cómo las distintas partes de tu cuerpo están en contacto con la colchoneta y qué sensaciones surgen. Observa con atención cómo descansas en el suelo, en qué partes del cuerpo resulta agradable o desagradable, dónde tienes tensión o dolor, cómo respiras en este momento. Constata tu «realidad» aquí y ahora.

Comienza el estiramiento de cuádriceps. Date la vuelta y ponte boca abajo (tendido prono). Ahora, flexiona una pierna a nivel de la rodilla acercando el pie hacia el glúteo. Al mismo tiempo, estira el brazo del mismo lado hacia el pie. Sujeta éste por el empeine con la mano. Si, al hacerlo, notas que el estiramiento de la parte anterior del muslo es demasiado intenso y te duele, usa un pañuelo para alargar el agarre (pasándolo, como si de una banda se tratase, por el empeine y cogiendo sus extremos con la mano). Ello te permitirá realizar el estiramiento sin dolor hasta el día en que puedas coger el pie con la mano sin generar tanta tensión.

Mantén el estiramiento entre treinta segundos y dos minutos, hasta que la sensación de tensión en el cuádriceps (insisto: sensación que no debe ser demasiado intensa) vaya cediendo y notes que el músculo cede y se alarga. Haz un movimiento de retroversión de la pelvis (contrayendo los glúteos, por una parte, y un poco los abdominales, por otra, apoyando la zona del pubis con más presión en el suelo).

De nuevo, cuando la sensación de tensión vaya cediendo, estira el músculo un poco más, hasta que vuelvas a notar que la tensión muscular aumenta. Repite la pauta anterior. Y así progresivamente.

Acabas de realizar un estiramiento estático (método 1). Si quieres contraer el agonista (método 2),

Imagen 16. Flexión de la pierna hacia atrás.

mantén el pie allí donde la flexión de la pierna te ha permitido llegar con la pelvis en retroflexión, presiona con el pie hacia la mano que lo sostiene durante diez segundos sin dejar que la mano ceda (evitando así el desplazamiento del pie). Ahora sigue tirando del pie con la mano hacia el glúteo, notando que la pierna ha cedido y que el cuádriceps se ha estirado un poco más.

Para terminar el estiramiento, suelta el pie con suavidad y baja la pierna lentamente hasta el suelo. Tómate tu tiempo para notar las nuevas sensaciones. ¿Notas alguna diferencia entre en la pierna estirada con respecto a la no estirada? ¿Notas que aquella es más larga? ¿Cuál descansa mejor en el suelo?

Tras esa constatación, comienza a estirar el cuádriceps de la otra pierna, siguiendo el mismo proceso.

Al terminar, date la vuelta despacio y ponte boca arriba.

Nota las nuevas sensaciones en los músculos estirados, en tu cuerpo en general, en tu respiración. Utiliza el tiempo necesario para verificar y sentir todo aquello que ha cambiado. Estás haciendo balance, es decir, siendo «consciente del nuevo equilibrio» que has alcanzado a raíz del estiramiento correcto.

Hacer este balance es muy importante, ya que así educas tu consciencia corporal y ayudas a tu cuerpo a sensibilizarse. Si lo practicas, cada vez notarás más las sensaciones, serás más consciente, estarás más sensibilizado e integrarás con mayor facilidad los beneficios de los estiramientos. La atención, pues, es fundamental.

En este momento podrías continuar con otro estiramiento que hayas escogido, bien sea en tu sesión de mantenimiento o para conseguir alargar otro músculo. Tú decides. Sea como fuere, no repitas el mismo estiramiento. Bien hecho, con una vez que lo hagas en cada sesión es suficiente.

Al terminar la sesión vuelve a «sentir-te», a «re-conocerte», prestando atención a las sensaciones nuevas que el estiramiento o los estiramientos hayan generado. Permite a tu cuerpo que se relaje, dejando que surjan los movimientos que necesites hacer hasta que te sientas dispuesto para ponerte de pie. Una vez de pie, siéntete de nuevo en esta postura, nota otra vez los cambios corporales y el efecto producido en tu estado de ánimo.

Lo que debes evitar

A) Ponerte a hacer estiramientos si tienes prisa o no tienes el tiempo suficiente.

B) Hacer los movimientos de una manera mecánica y repetitiva.

C) Estirar demasiado el músculo, creyendo que cuanto más estiras, mejor; y que, si no hay dolor, no sirve para nada.

D) Hablar con alguien o pensar en otras cosas mientras estás estirándote.

E) Si el estiramiento es doble (por ejemplo, primero de una pierna y luego de la otra), pasar de un lado a otro sin darte tiempo de tomar consciencia y de constatar los cambios que el estiramiento te ha producido.

Reflexiones finales

Al terminar este libro, me doy cuenta de que ya no soy el mismo que cuando lo empecé hace siete años. Mi cuerpo se ha ido renovando a la vez que he seguido aprendiendo. En un principio se mezclaban en mi mente muchas exigencias de mi ego (mi hipótesis, mi estudio, mi libro, mi imagen, etc.), que me generaban una enorme presión para hacerlo todo perfectamente. Tenía miedo a no llegar a la «perfección» y de ser juzgado. Ello por otro lado, como siempre ocurre cuando uno quiere satisfacer las exigencias del ego, me dejaba a expensas del control de la opinión de los demás. Todo esto, o bien me paralizaba ante la hoja en blanco, o me obligaba a escribir compulsivamente para no olvidarme de nada, pues temía dejar una rendija por donde me pudieran criticar. En fin ¡Una misión imposible!

Consciente de mis circunstancias, me permití descansar un tiempo. Con algo más de claridad, meses más tarde, replanteé el libro de una forma distinta y decidí que este libro no era terriblemente importante; pero que, tal vez, pudiera ser útil. Esta nueva percepción me ha dado energía para dedicarle el tiempo necesario, aún dejando de hacer otras cosas interesantes o de estar con personas que me gustan. Estoy convencido de que este esfuerzo ha valido la pena con tal de que ahora tengas este libro en tus manos.

No necesito convencerte de nada, lo expuesto es así. Si lo estudias, lo practicas e integras, lo sabrás tú, también. Los físicos cuánticos nos dicen que las partículas más diminutas que podemos llegar a conocer, las subatómicas, no son materia, sino energía, y que, cuando uno centra su atención en ellas y se convierte en el observador, este acto recrea lo observado. Cuando cesa la observación, vuelve a alterarse el movimiento del objeto anteriormente observado.

Así pues, los ejercicios realizados mecánicamente, sin un observador consciente, no funcionan, no resultan, son contradictorios, e incluso nocivos. Para que estos ejercicios sean correctos y beneficiosos, es absolutamente necesario que haya un observador consciente, quien, a través de su atención, cree la posibilidad de notar, sentir, pensar, y hacer distintamente para obtener resultados creativos y satisfactorios. Los estiramientos correctos siguen esta lógica, y en el caso que nos concierne, el observador eres tú. A lo largo de este libro, te habrás dado cuenta de que el «cuanto más, mejor» no funciona. Lo justo es lo mejor; y, es en lo mejor donde los cincuenta y dos millones de células de tu cuerpo sonríen y se ponen a vibrar como burbujas de cava.

Este libro está diseñado para ayudarte a que esto suceda. Te lo presento con ilusión, agradecido por lo que me ha aportado y sorprendido, a la vez, por el gran reto que me ha supuesto. Me complacería saber que te ha ayudado a no dañar(te), a ser más consciente de, y respetuoso con, tu propio cuerpo –templo del espíritu–. A partir de ahora, algo nos une a pesar de no conocernos. Seguiremos, pues, caminando y aprendiendo en este camino común de la vida. Ojalá llegue el día en que ya no necesites este libro, pues ello significará que vives más conscientemente y tus tensiones y retracciones musculares habrán dejado paso al tono justo. Te lo deseo de todo corazón. Pero no es un regalo, es un premio y hay que ganárselo. ¡Hasta pronto!

Indice alfabético de músculos

Indice alfabético de ejercicios

Bibliografía

ALTER, M. (1999): *Estiramientos deportivos*. Madrid. Ed. Tutor.

ANDERSON, B. (1984): *Estirándose*. Barcelona. Integral.

ARNHEIM, D.D. (1994): *Fisioterapia y entrenamiento atlético*. Doyma, Madrid.

AZNAR, S., FERNANDEZ, A., LÓPEZ, J., LUCÍA, A., PEREZ, M. *Actividad física y salud*. Madrid. Dossat 2000.

BERTHERAT, T. (1979): *El cuerpo tiene sus razones*. Barcelona. Argos Vergara.

BLUM, B. (2000): *Los Estiramientos*. Ed. Hispano Europea. Barcelona.

BUSQUET, L. (1985): *Les chaines musculaires*, Maloine. Paris.

CALAIS GERMAIN, B. (1991): *Anatomía para el movimiento*. Tomo 2. Barcelona. La liebre de marzo.

CALAIS GERMAIN, B. *Anatomía para el movimiento*. Barcelona. La liebre de marzo.

CALDWELL, C. (1996): *Habitar el cuerpo*. Barcelona. Urano.

CHAILLEY, P., PLAS, F. (1973): *Physiologie des activités physiques*. Paris. Baillière, J.B

ERNST, H. (1994): *La sabiduría del cuerpo*. Barcelona. Emece.

Ganong, W. (1971): *Manual de fisiologia médica*. México. El manual moderno.

GERMAIN, P. (1989): *Économie du geste*. France. Chiron.

HEGEDUS, J. (1984): *Enciclopedia de la musculación deportiva*. Argentina. Stadium.

KAPANDJI, I.A. (1980): *Cuadernos de fisiologia articular III. Tronco y raquis*. Barcelona. Toray-Masson.

KENDALL, H.O, KENDALL, F.P., y WADSWORTH, G.E. (1974): *Músculos, pruebas y funciones*. Barcelona. JIMS.

KESSELMAN, S. (1990): *El pensamiento corporal*. Barcelona. Paidos.

LANGLADE, A.(1987): *Gimnasia especial correctiva*. Buenos Aires. Stadium.

LAPIERRE, A. (1996): *La reeducación física*. TomoII. Dossat 2000, Madrid.

LESUR, J. (1969): *La gimnasia médica en pediatría*. Barcelona. Toray-Masson.

LÓPEZ MIÑARRO, P.A. (2000): *Ejercicios desaconsejados en la actividad física*. Inde, Barcelona.

LOPEZ MIÑARRO, P.A. (2002): *Mitos y falsas creencias en la práctica deportiva*. Inde, Barcelona.

MARTIN, M. (1996): Kinesiología. *Tratado y curación por el movimiento muscular*. Libsa, Madrid.

MORENHOUSE, L.E., MILLER, A. T. *Fisiología del ejercicio*. Buenos Aires. El ateneo.

PÉREZ ,A., BENGOECHEA, M.E. (1978): *Anatomía funcional del aparato locomotor*. Madrid. Paz Montalbo.

PIRET, S., BÈZIERS, M.M. (1986). *La coordination Motrice*. Paris: Peeters-Louvain.

PIZON, P. (1972): *La colonne lombo-sacrée*. París. Doin.

RAMÓN GOMARIZ, J. (2005): *Estiramientos de cadenas musculares*. La liebre de marzo. Barcelona.

RASCH, J.P., BURKE, R.K. (1976): *Kinesiología y anatomía aplicada*. Barcelona. El ateneo.

SPALTEHOLZ, W. (1975): *Atlas de anatomía humana*. Barcelona. Editorial Labor.

VANDER ,A.J., SHERMAN, J.H., Luciano, D.S. (1978): *Fisiologia humana*. Colombia. McGraw-Hill. Latinoamericana.

WOESTYN, J. (1975): *Etude du mouvement*, Tome I. Bruxelles: Prodim.

WOESTYN, J. (1977): *Etude du movement*, Tome II. Paris. Maloine.

Es propiedad
© Enric Marés

Fotografías e ilustraciones
© Francesc Daranas

© de la edición en castellano 2012:
Editorial Hispano Europea, S. A.
Primer de Maig, 21 - Pol. Ind. Gran Vía Sud
08908 LíHospitalet - Barcelona, España
E-mail: hispanoeuropea@hispanoeuropea.com
Web: www.hispanoeuropea.com

Depósito Legal: B. 31.387-2012

ISBN: 978-84-255-1857-7

Tercera edición

Impreso en España
T. G. Soler, S. A.
Enric Morera, 15
08950 Esplugues de Llobregat (Barcelona)